Für Lukas

---

*»Echte Suche bedarf der
Objektivität. Letztere kann
nicht bestehen ohne geistige
Elastizität, denn keiner von uns
ist von Natur aus objektiv.«*

Josef F. Blumrich

Der Kopf des Osiris

1. Auflage Oktober 2007

Copyright © 2007 by Jochen Kopp Verlag,
Pfeiferstraße 52, D-72108 Rottenburg

Umschlaggestaltung: Peter Hofstätter, München
Satz, Layout und Lektorat: Bürodienstleistungen Rauch, Rosenfeld
Druck und Bindung: GGP Media GmbH, Pößneck
Alle Rechte vorbehalten.

ISBN-13   978-3-938516-57-7

Gerne senden wir Ihnen unser Verlagsverzeichnis:

KOPP VERLAG
Pfeiferstraße 52
D-72108 Rottenburg
E-mail info@kopp-verlag.de
Tel. (0 74 72) 98 06 0
Fax (0 74 72) 98 06 11

Unser Buchprogramm finden Sie auch im Internet unter:
www.kopp-verlag.de

G. F. L. Stanglmeier
André Liebe

Der Kopf des Osiris

*Machenschaften und
Geheimnisse der Ägyptologie*

JOCHEN KOPP VERLAG

Inhalt

Vorwort

»Woher bekommen Sie nur all diese Informationen?« Das ist die wohl häufigste Frage, die G. F. L. Stanglmeier immer wieder gestellt wird. Sie ist relativ leicht zu beantworten: Da gibt es, wie die treue Leserschaft weiß, die sechs »Schwarzen Schafe der Ägyptologie«. So nennen wir sie codiert, denn selbstverständlich müssen sie anonym bleiben. Der Grund ist denkbar einfach: Sie grollen dem ägyptologischen Establishment. Dabei ist das keine Frage des Alters. Zwei unserer Insider-Informanten sind doch schon recht betagt. Aber sie sind Wissenschaftler, die es nicht aufgegeben haben, den Grundsatz von der Freiheit der Lehre mit Leben zu erfüllen. Sie sind mit ihrer Fachdisziplin, der Ägyptologie, verbunden – aber sie stimmen mit essentiellen Vorgehensweisen, Lehren und Gebaren ihrer Kollegen nicht überein. Kurz: Sie stehen für eine offene und glaubwürdige Disziplin. Von obskuren Tätigkeiten halten sie sich fern.

Für diese »Schwarzen Schafe« stehen Seriosität in der Forschung und gegenüber der interessierten Öffentlichkeit im Vordergrund ihres beruflichen Antriebs. Doch wehe dem, der die »offizielle Linie« verläßt und am Ende sogar autonome Ideen entwickelt. Spätestens dann ist es endgültig vorbei mit der akademischen Anerkennung und dem raschen Aufstieg auf der Karriereleiter.

Geradezu allergisch reagieren manche Vertreter der Ägyptologen-Gilde auf externe Kritik. Ägyptologen sind Experten – und Experten zeichnen sich durch überproportionales Fachwissen aus. Sie befinden sich also zwangsläufig meist in der Position des (Be-)Lehrenden. Und in dieser Position wird dann jeder Fehler von Laien genau registriert und moniert. Weist man freilich den Experten selbst einen oder gar mehrere Fehler nach (was relativ einfach und häufig der Fall ist), werden diese verharmlost und als nicht schwerwiegend eingestuft. Wir sehen das – mit Verlaub – etwas anders. Der Fehler eines Hobby-Ägyptologen ist aus unserer Sicht an Bedeutung nicht zu vergleichen mit der Falschinformation eines hauptberuflichen Vertreters der Zunft.

Doch geht es uns nicht darum, ob die Cheops-Pyramide ursprünglich 146,59 Meter (Lehner), 146,60 Meter (El Mahdy) oder 146,50 Meter (Verner) hoch war. Vielmehr plädieren wir für eine offene und ehrliche Tätigkeit. Ja, auch für eine mutige Arbeit, die nicht vor der Bearbeitung kontroverser Themen zurückscheut.

Und die Altertumsforscher müssen sich bewußt machen, daß ihre Arbeit keinen Selbstzweck darstellt. Einige Mitarbeiter ägyptologischer Institutionen in der Bundesrepublik Deutschland sind beamtete Staatsdiener. Sie gehören also dem öffentlichen Dienst an. Und in dieser Eigenschaft haben sie Rechte, aber auch Pflichten. Es geht nicht an, daß mit willfährigen Autoren und Produzenten engstens kooperiert wird, kritische Medien, Journalisten und Autoren jedoch an der »kurzen Leine« gehalten werden.

Die Verfasser haben das mehrfach selbst im kleinen Rahmen zu spüren bekommen: beispielsweise beim Ägyptologischen Institut in Leipzig. Dort erbaten wir das Abdruckrecht für ein Foto. Bevor man uns dazu die Genehmigung erteilen wollte, sollten wir ein ausführliches (!) Exposé über den Inhalt unseres neuen Buches zusenden, damit dann im Rahmen einer Arbeitssitzung – »nach eingehender Prüfung« – darüber befunden werden könne, ob die Erlaubnis zum Abdruck des Fotos erteilt oder abgelehnt wird. Der Hintergrund dieses Vorgangs: Man war mit G.F.L. Stanglmeiers Darstellung der »Leipziger Ägyptologie« in einem seiner früheren Bücher nicht einverstanden. Es ist einfach höchst bedauerlich, daß dies heute noch in einer Stadt möglich ist, die so enorme Leistungen zur vollständigen Demokratisierung Deutschlands erbracht hat.

Da wird (mindestens!) ein ganzes Gremium mit der Freigabe eines einzigen Bildes befaßt – auf Kosten der Steuerzahler. Und das passiert dann ausgerechnet auch noch in der traditionellen »Bücherstadt« Leipzig. Eine größere Blamage ist wohl kaum denkbar. Zumal die Stadtoberen selbst einen Medienpreis verleihen. Aber selbstverständlich werden derartige Auszeichnungen nie für die Aufdeckung von Mißständen in den eigenen Reihen vergeben.

Wohin das letztlich führt, versuchen die Autoren in diesem Buch an exemplarischen Fällen aufzuzeigen. Das beginnt – wie eingangs geschildert – bei der Verweigerung von Unterstützungsersuchen und endet schon heute in heiklen außenpolitischen Affären.

G.F.L. Stanglmeier   *André Liebe*
im August 2007 auf der Ranch   *im August 2007*

1. Kapitel

Vertuscht – verfälscht – verschwiegen

Der Skandal um das neu entdeckte Grab »KV 63« im Tal der Könige

Die »Breaking News« des Farouk Hosni

E ine »Breaking News« gibt es heute auf den internationalen TV-
Nachrichtenkanälen beinahe täglich. Früher, als die Welt noch
ohne CNN auskommen mußte, sagte man schlicht »Eilmeldung« dazu.
Und genau das ist es auch heute noch. Als »Breaking News« bezeichnen die Medien eine Meldung von herausragender Wichtigkeit oder
breitem öffentlichen Interesse. Terroranschläge und gewaltige Natur-
katastrophen zählen ebenso dazu wie die nach zäher Verhandlung er-
zielte Einigung auf einem EU-Gipfel oder der Ausgang eines Endspiels
um die Fußballweltmeisterschaft. Durchaus Chancen darauf, als
»Breaking News« behandelt zu werden, haben auch neue, bedeutsa-
me archäologische Entdeckungen.

Eingedenk dieser Tatsache verbreitete das ägyptische Kulturministerium am 8. Februar 2006 folgende Nachricht: »Die erste Entdeckung eines Grabes im Tal der Könige seit dem von Tutanchamun

Abbildung 1
Der Traum eines jeden Ägyptologen: der Weg ins Tal der Könige, wo schon viel entdeckt
wurde – wie die in den Fels gehauenen Zugänge zu den Gräbern zeigen –, wo
es aber immer noch einiges zu entdecken gibt.
Bild: Jens Michel, pixelio.de

im Jahr 1922 gelang gestern einem Ausgrabungsteam der Universität von Memphis.«

Kulturminister Farouk Hosni war allerdings schlecht informiert, um nicht zu sagen falsch. Und damit sind wir schon mittendrin im Skandal um die jüngste aufgespürte Anlage in Biban el-Moluk, wie das Tal der Könige im Arabischen heißt.

Seinen Namen verdankt das ausgetrocknete Flußbett auf der thebanischen West-Bank den dort in den Fels geschlagenen Gräbern der 18., 19. und 20. Pharaonendynastie. Dort wurden die Mumien einiger der größten Herrscher Ägyptens zusammen mit sagenhaften Schätzen bestattet. Davon blieb freilich im Laufe der Jahrtausende nicht mehr viel übrig. Einzig das Grab des Pharaos Tutanchamun entging den Beutezügen der Grabräuber. Tutanchamuns Grab war die letzte aufgefundene Herrschergruft bis zur – angeblichen – Entdeckung an jenem 8. Februar 2006 durch die Mannschaft aus Memphis im US-Bundesstaat Tennessee.

Angeblich deshalb, weil die Ein-Kammer-Konfiguration tatsächlich nicht erst im Februar 2006 lokalisiert wurde, wie durch das Ministerium verbreitet, sondern vielmehr bereits Monate zuvor. Und das läßt sich sogar schriftlich dokumentieren. Denn schon Ende Dezember 2005 vermeldete nämlich die deutschsprachige Kiosk-Zeitschrift »mysteries« in einem vielbeachteten Artikel mit der Schlagzeile »Mysteriöser Fund im Tal der Könige« die archäologische Sensation. Mehr

Abbildung 2
Das Magazin »mysteries« hat über die
Entdeckung von KV 63 mehr als einen Monat
vor der offiziellen Bekanntgabe durch das
SCA berichtet.
Bild: mysteries

noch: Das investigative Magazin hatte in einer Karte vom Tal der Könige sogar bereits den genauen Fundort markiert – zwischen den Gräbern KV 10 (KV steht bei den Ägyptologen für »Kings Valley«, also das Tal der Könige; die dahinter folgende Zahl bezeichnet die aufgefundenen Ruhestätten in der Reihenfolge ihrer Entdeckung) von Pharao Amenmesse (zirka 1214 – 1210 v. Chr.) und nahe KV 62, dem Grab Tutanchamuns (zirka 1334 – 1325 v. Chr.).

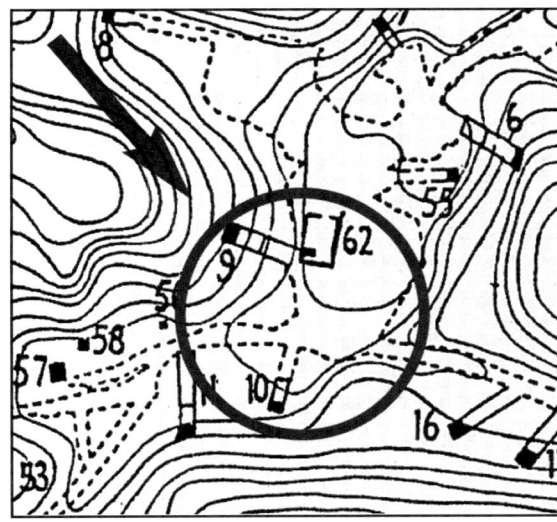

Abbildung 3
In einem Lageplan hat »mysteries« exakt eingezeichnet, wo sich das ominöse KV 63 befindet: genau zwischen KV 9 von Pharao Amenmesse und KV 62, dem Grab Tutanchamuns.
Bild: mysteries

Wie ist es also möglich, fragt man sich unwillkürlich, daß eine europäische Zeitschrift die Entdeckung eines ägyptischen Mausoleums durch ein US-Grabungsteam mindestens zwei Monate vor dessen (angeblicher) Öffnung seiner Leserschaft mitteilen kann? Es ist ganz offensichtlich: Hier stimmt etwas nicht. Mehr noch: Hier ist etwas faul!

Und zur Konfusion können auch die Verfasser ihren Teil beitragen. Denn bereits in seinem Band »Der Tut-anch-Amun Skandal« schrieb G.F.L. Stanglmeier unter der Überschrift »Eine Cachette – direkt neben Tutanchamuns Grab?« folgenden Passus: »... wo [im Tal der Könige, *Anm. d. Verf.*] sollte man den Spaten ansetzen? Aufgrund der relativ hohen Funddichte auf sehr begrenztem Raum bietet das Terrain in unmittelbarer Umgebung von KV 62, also Tutanchamuns

Gruft, die archäologisch erfolgversprechendste Aussicht.« Das Buch
erschien im November 2004.

Dagegen strotzten die ersten Berichte über die Entdeckung des
»neuen« Grabs der Mannschaft aus Memphis nur so vor Falschin-
formationen. Von »fünf Mumien« war da die Rede – nicht eine einzige wurde aber in der Anlage entdeckt. »Fünf Kilometer« vom Grab
des Tutanchamun entfernt sollte sich KV 63, wie man das Depot nunmehr bezeichnete, befinden. In Wahrheit beträgt die Distanz kaum
fünfzehn Meter.

Und das sind nur zwei kleine Beispiele für viele weitere Unrich-
tigkeiten. Die entscheidende Frage aber stellte niemand: Wie kann
es sein, daß der zuständige ägyptische Minister im Februar 2006 eine
»Breaking News« über eine Entdeckung herausgibt, welche seinen
Angaben zufolge erst tags zuvor gelang, tatsächlich aber mindestens
zwei Monate zurücklag? Die Antwort darauf ist die ägyptische Regierung bis heute schuldig geblieben. Offensichtlich ist aber – von
wenigen Ausnahmen abgesehen – auch in der Ägyptologie niemand
daran interessiert, diese auf der Hand liegende Ungereimtheit auf-
zuklären. Falls doch, so geschah dies unter dem Siegel der Verschwiegenheit. Die Geheimniskrämerei hätte sich also fortgesetzt.

Lediglich die »Deutsche Presseagentur« (dpa) hatte offenbar zuvor
schon gewissenhaft recherchiert, denn sie teilte noch am 8. Februar
2006 – und somit am gleichen Tag, als Kulturminister Farouk Hosni
die Welt in die Irre führte – mit: »Der Schacht, der zu dem neu entdeckten Grab führt, war *bereits vor langer Zeit* entdeckt worden. Da
die Kammer jedoch schwer zugänglich ist, benötigten die Archäologen, um eine Öffnung zu erhalten, die groß genug ist, um einen Zugang zu der Kammer zu schaffen, viel Zeit und spezielle Gerätschaften.«

»Vor langer Zeit« ist leider ein sehr relativer und entsprechend
dehnbarer Begriff. Sind damit Wochen, Monate oder Jahre gemeint?
Es war, wie sich vorläufig herausstellen sollte, mindestens ein Jahr.
Das jedenfalls räumte Otto Schaden, der Leiter des Memphis-Teams,
zu einem späteren Zeitpunkt auf Drängen von Medienvertretern ein.
Demnach gelang die Auffindung des Zugangsschachtes von KV 63
seinem Team-Mitglied Alistair Dickey bereits im März 2005 im
Rahmen von »Routine-Grabungen«. Routine-Grabungen? Im Tal der
Könige?

Spätestens mit dieser mehrfach belegbaren Äußerung wird die ganze Sache mehr als zweifelhaft, denn derartige Grabungen gibt es schlicht und einfach nicht – und schon gar nicht im Tal der Könige. Egal, ob Such- oder Nachgrabungen: Sämtliche archäologischen Aktivitäten dort werden sorgfältig geplant und sind in hohem Maße kostenintensiv.

Hinzu kommt: Gleichgültig, welche Feldarbeit auf der thebanischen West-Bank auch durchgeführt werden soll, sie bedarf der ausdrücklichen Genehmigung durch das Supreme Council of Antiquities (SCA), also durch die ägyptische Altertümerverwaltung. Eine derartige Verfügung hat Otto Schaden aber nach den vorliegenden Informationen nie vorgewiesen.

Zählte KV 63 ursprünglich etwa gar nicht zum Konzessionsterrain der US-Gräber? Die Arbeitsgenehmigung der Amerikaner galt jedenfalls seit Jahren für KV 10, die Amenmesse-Syringe. (Der Ausdruck »Syringe« stammt aus dem Griechischen und bedeutet wörtlich übersetzt »Stabflöte«; die Gräber im Tal der Könige werden deshalb auch als »Syringe« bezeichnet, weil es sich hierbei um lang gezogene, an eine Stabflöte erinnernde Gänge handelt, die in den Felsen gehauen wurden.)

Und damit liegt Otto Schadens Dilemma offen auf dem Tisch. Ein ganzes Jahr lang hütete er die Entdeckung wie seinen Augapfel, und die interessierte Öffentlichkeit hatte davon nicht die geringste Ahnung. Was aber steckte hinter diesem Vorgehen des US-Amerikaners?

Die Antwort besteht aus zwei kurzen Wörtern: Zahi Hawass. Hawass ist der Leiter des SCA und somit die uneingeschränkte Autorität über die gesamte altägyptische Kulturhinterlassenschaft. Selbstredend unterstehen ihm in dieser Funktion auch sämtliche Ausgrabungsstätten im Nilland. Wegen dieser enormen Machtfülle wird der SCA-Chef von vielen Ägyptologen hinter vorgehaltener Hand despektierlich auch »Ägyptens letzter Pharao« genannt. Wer es sich mit Zahi Hawass verdirbt, hat quasi keinerlei Chance, in Ägypten jemals eine Grabungskonzession zu erhalten. Oder falls er eine der raren Genehmigungen besitzen sollte, dann verliert er sie umgehend wieder.

Fragen über Fragen

Im Rahmen einer Veranstaltung am 26. Januar 2006 ließ Zahi Hawass die Katze aus dem Sack, weshalb Otto Schaden die Auffindung von KV 63 so lange unter der Decke gehalten hat. Gemäß einer protokollarischen Mitschrift, die sich im Archiv der Verfasser befindet, soll Hawass geäußert haben: »Ja, sie [die US-Archäologen, *Anm. d. Verf.*] fanden das Grab letztes Jahr. Und sie schütteten es wieder zu. Und sie wollten den Fund bekanntgeben. Und ich sagte: ›Ihr könnt nicht bekanntgeben, daß ihr einen Schacht gefunden habt. Ihr müßt den Schacht freilegen, und erst danach können wir mitteilen, daß ihr etwas gefunden habt.‹« Eine Begründung für diese Direktive von Hawass läßt sich der Mitschrift nicht entnehmen.

Otto Schaden ist damit zwar hinsichtlich seiner Verschwiegenheit aus der Verantwortung genommen, nicht jedoch was die näheren Umstände der Entdeckung anbelangt. Und vor allem stellt sich sofort die Frage, warum die Hawass-Behörde ihren obersten Dienstherren hinsichtlich des Zeitpunktes der Entdeckung von KV 63 falsch informiert hat. Oder sollte gar das ägyptische Kulturministerium selbst entschieden haben, den wahren Zeitpunkt der Auffindung geheimzuhalten? Falls ja, aus welchem Grund? Ziehen wir zunächst einmal eine Zwischenbilanz, denn die ganze Angelegenheit wird noch rätselhafter und komplexer.

1. In einer Medieninformation des ägyptischen Kulturministeriums wird die Entdeckung von KV 63, einer bislang unbekannten Anlage auf dem Pharaonenfriedhof im berühmten Tal der Könige, vermeldet. Die Entdeckung soll einen Tag zuvor erfolgt sein.

2. Unmittelbar nach der Verlautbarung von Kulturminister Hosni ist in einer dpa-Meldung nachzulesen, daß KV 63 bereits »vor langer Zeit« von den Archäologen der Universität Memphis lokalisiert worden sein soll.

3. Sicher ist: Bereits Ende Dezember 2005, also mehr als einen Monat vor der Information der Öffentlichkeit über die KV 63-Auffindung, berichtete das Magazin »mysteries« weltexklusiv über den jüngsten Fund auf der thebanischen West-Bank.

4. Aufgrund regen Medieninteresses präzisiert Gruft-Entdecker Otto Schaden den Termin der KV 63-Lokalisierung. Er räumt nunmehr ein, daß das Mausoleum bereits im März 2005 durch Alistair Dickey, einen Mitarbeiter seiner Mannschaft, im Rahmen von »Routine-Grabungen« aufgefunden wurde.

5. Der Chef der ägyptischen Altertümerverwaltung SCA, Direktor Zahi Hawass behauptet, er sei es gewesen, der Otto Schaden untersagt habe, den ägyptologischen Fund publik zu machen. Die Beweggründe hierfür wurden nicht genannt.

Doch damit nicht genug, denn nur wenige Tage nachdem diese »Fakten« bekannt waren, wurde es noch undurchsichtiger. Die bisherige Ägyptologie-Posse wandelte sich alsbald zu einem handfesten wissenschaftlichen Skandal. Denn nicht nur der Zeitpunkt der Entdeckung von KV 63 blieb fraglich. Zu allem Überfluß meldete sich am 12. Februar 2006 auch noch ein zweiter Entdecker: der Engländer Nicholas Reeves – noch vor wenigen Jahren Otto Schadens »Claim-Nachbar« in Biban el-Moluk, wie das Tal der Könige im Arabischen heißt.

Verrückte Ägyptologie: 1 Grab – 2 Entdecker

Nicholas Reeves leitete nämlich ab dem Jahr 1998 die Felduntersuchungen des »Amarna Royal Tombs Project (ARTP)«. Bei diesem Unternehmen wird von der Theorie ausgegangen, daß Pharao Tutanchamun einige Mitglieder seiner Familie ebenfalls im Tal der Könige bestatten ließ. Dies sei notwendig geworden, weil Tutanchamun im Zuge seiner Wiedereinführung der alten Religion Achet-Aton – die Hauptstadt seines Vaters, des berühmten »Ketzerkönigs« Echnaton – verließ und wieder in die alten Residenzen von Memphis und Theben zurückkehrte. Dadurch aber war die Sicherheit seiner bereits verstorbenen Ahnen auf dem Königsfriedhof von Achet-Aton, dem heutigen Tell el-Amarna, nicht mehr gewährleistet. Tutanchamun, so die Annahme von Reeves und seinen Kollegen, ließ deshalb Gräber in Biban el-Moluk in den felsigen Boden hauen, um die reich bestatteten Mumien wieder unter wirksamen Schutz zu stellen. Nach intensivem Quellenstudium kam man zu der Überzeugung, daß sich das aussichtsreichste Suchgebiet unmittelbar an das Grab von Ramses VI. (KV 9) anschließt und sich somit auf der anderen Seite des Gehwegs vor Grab KV 10 befindet, welches Otto Schaden erkundete und restaurierte. Doch was hatte das alles mit der Entdeckung von KV 63, dem Sarg-Depot, zu tun?

Abbildung 5
Nicholas Reeves, britischer Ägyptologe und Leiter des »Amarna Royal Tombs Project (ARTP)«, will KV 63 bereits im Jahr 2000 lokalisiert haben. Dann wurde er des Antiquitätenschmuggels verdächtigt, verlor seine Konzession, wurde vom SCA zwischenzeitlich rehabilitiert und hofft nun auf eine zweite Chance.
Bild: Verlag Philipp von Zabern

Abbildung 6
KV 10, das Grab von Pharao Amenmesse (im Vordergrund): Vom Felsenhügel aus ist
gut zu erkennen, wie eng hier eine Gruft neben der anderen liegt.
Bild: Roy Hopper

Im Rahmen der von ihm durchgeführten archäologischen Maßnahmen will Nicholas Reeves fündig geworden sein. Das hat er selbst gegenüber Medienvertretern schriftlich per E-Mail bestätigt. »Ja«, heißt es in dem entsprechenden Passus wörtlich, »mein Amarna Royal Tombs Project lokalisierte das Grab zuerst.« Den Angaben von Reeves zufolge gelang seiner Mannschaft die Ortung der Anlage »bereits im Jahr 2000 mittels Bodenradar-Messungen«. Als Beweis für den Wahrheitsgehalt seiner Behauptung hat Reeves die entsprechenden Radarbilder auf seiner Homepage publiziert.

Damit haben wir folgende verrückte Situation:

- Der ägyptische Kulturminister Farouk Hosni behauptet, KV 63 sei Anfang Februar 2006 aufgespürt worden.
- Der vorgebliche Entdecker Otto Schaden will die Anlage im März 2005 lokalisiert haben.
- Und der Ägyptologe Nicholas Reeves sondierte das Grab angeblich bereits im Jahr 2000.

Sowohl Reeves' Schilderungen wie auch die seines amerikanischen Zunftgenossen Otto Schaden sind allerdings äußerst fragwürdig. Warum sollte beispielsweise Nicholas Reeves ein halbes Jahrzehnt seine vielversprechende Ortung unverifiziert lassen? Dazu der ARTP-Leiter in einem Statement: »Solche Anlagen sind außergewöhnlich rar und können einzigartiges Material bergen. Wir wollten systemisch vorgehen, statt uns nur die Rosinen herauszupicken.«

Mit dieser Argumentation führt sich Nicholas Reeves jedoch höchstselbst ad absurdum. Denn wenn solche Anlagen tatsächlich »einzigartiges Material« bergen können (und in diesem Punkt hat Reeves, Dozent am Eaton-College, vollkommen recht), dann verlangt allein schon die wissenschaftliche Sorgfaltspflicht eine vorrangige Dokumentation, Bergung, Säuberung und Konservierung des Grabs mitsamt seinen Artefakten. Von diesem logischen Ansatz her betrachtet, hätte es für den ARTP-Leiter absolute Pflicht sein müssen, die Freilegung von KV 63 mit Vorrang zu betreiben – allein schon, um mögliche Verfallsprozesse an den kostbaren Objekten zu stoppen.

Die Rechtfertigung von Reeves für sein mehrjähriges Schweigen und seine damit gepaarte sträfliche Untätigkeit ist somit vollkommen unglaubwürdig und wird in Kollegenkreisen häufig auch nur milde belächelt. Denn jeder Experte weiß: So würde kein Altertumsforscher handeln, der die berechtigte Aussicht hat, einen spektakulären Fund im legendenreichen Tal der Könige verkünden zu können. Denn von Ruhm und Ehre und akademischem Applaus einmal ganz abgesehen, wäre eine derartige Entdeckung auch mit eine schöne Stange Geld verbunden. Interviews, Buch- und Filmrechte sowie Vortragshonorare würden das persönliche Bankguthaben des Entdeckers in kurzer Zeit um eine erkleckliche Summe anwachsen lassen. Wenn sich Reeves dennoch gegen eine in-situ-Überprüfung seiner gewonnenen Daten – und somit gegen eine Benachrichtigung der Hawass-Behörde SCA – entschied, muß er dafür sehr gewichtige Gründe gehabt haben.

Dunkle Machenschaften?

Und diese Gründe mag es aus seiner Sicht auch gegeben haben. Nicholas Reeves war zu Beginn der Feldaktivitäten des Amarna Royal Tombs Project einer der wenigen international bekannten Ägyptologen. Doch dann geriet er ins Fadenkreuz des Supreme Council of Antiquities. Die ägyptische Altertümerverwaltung warf Reeves nach seinen Radarmessungen im Jahr 2000 vor, in den Schmuggel von Altertümern verwickelt zu sein. Die rigiden Konsequenzen folgten auf dem Fuß. Das ARTP mußte seine Untersuchungen im Tal der Könige einstellen, und Reeves wurde in Ägypten zur »Persona non grata«, zur unerwünschten Person.

Soweit die Verfasser ermitteln konnten, wurden die Beschuldigungen gegen den Engländer aber nie konkretisiert, und zwischenzeitlich wurde Reeves nach eigenem Bekunden vom SCA »vollständig rehabilitiert«.

Dennoch hat die Begründung des Engländers für seine Untätigkeit in Bezug auf die geortete Anlage einen mehr als bitteren Nachgeschmack. Zumindest das SCA hätte Reeves verständigen müssen – so jedenfalls ist es nach den ägyptischen Konzessionsbedingungen gängige Vorschrift. Ob dies geschehen ist, darf zumindest bezweifelt werden, denn beide Seiten haben diesbezüglich nichts verlautbaren lassen. Selbstverständlich hätte Reeves auch noch in der nachfolgenden Grabungsperiode die Richtigkeit seiner Daten »physisch überprüfen« können. Dies unterließ er aber geflissentlich, wie wir bereits oben gesehen haben.

Hätte man den Fund sofort bekannt gegeben, so war er der Meinung, wäre das Terrain von Wissenschaftlern und Konservatoren überschwemmt worden. Dieses Argument ist jedoch wenig stichhaltig. Bei der Aussicht, an der Freilegung einer Pharaonengruft im Tal der Könige beteiligt zu sein, hätte zwar fraglos jedes ägyptologische Institut gerne seine umfassende Hilfe angeboten. Darüber hinaus hätten aber auch marktorientierte Sponsoren mit Sicherheit generös ihre finanzielle Unterstützung zugesagt. Nein: Die Argumentation von Reeves ist zu vordergründig; sie hält einer genauen Überprüfung nicht stand.

Noch rätselhafter wird die ganze Entdecker-Kontroverse durch eine weitere Behauptung des Engländers. Wie er in besagter E-Mail vom Februar 2006 (siehe oben) weiter behauptet, habe er dem amerikanischen Forscherteam »Mitte 2005« Kopien seiner Radarunterlagen zukommen lassen, nachdem er erfahren hatte, daß Otto Schaden »zufällig auf das Grab aufmerksam geworden« war. Reeves läßt aber völlig offen, wozu Schaden die Unterlagen noch benötigen sollte, wenn er den Zugangsschacht zu KV 63 doch bereits kannte.

Otto Schadens Verhalten ist indes nicht minder merkwürdig. Glaubt man den Aussagen eines Mannes aus dem Umfeld des US-

Teams aus Tennessee, so mußten die Mitglieder sogar einen Eid darauf schwören, über die Entdeckung kein Sterbenswörtchen nach außen dringen zu lassen.

Abbildung 7
Otto Schaden (vorne), der Leiter des Grabungsteams der Universität Memphis, war mit der Erkundung von KV 10 beschäftigt. Dabei soll er auch auf KV 63 gestoßen sein – oder doch nicht? Sein Verhalten jedenfalls ist sehr seltsam.
Bild: Roy Hopper

Wie dem auch sei: In jedem Fall hätte Schaden seine Mannschaft besser instruieren müssen, denn seiner Begründung für die Auffindung, sie sei im Rahmen von Routine-Grabungen erfolgt, steht eine konträre Version gegenüber – und zwar aus Schadens eigenen Reihen. Sie stammt von Edwin Brock, dem Co-Direktor des amerikanischen Teams und somit vom zweiten Mann nach Schaden. Brock behauptete nämlich, die neue Gruft sei durch Zufall bei Arbeiten an einem benachbarten Grab lokalisiert worden.

Ägyptologisches Jägerlatein

Die Verfasser können sich des Eindrucks nicht erwehren, daß hier die interessierte Öffentlichkeit an der Nase herumgeführt werden soll. Doch der Reihe nach: Gräber in unmittelbarer Nachbarschaft zur Cachette (archäologischer Fachausdruck für ein in der Antike angelegtes Depot, *Anm. d. Verf.*) KV 63 gibt es deren drei: zunächst KV 10 (dort arbeitet seit Jahren Otto Schaden), dann KV 9 (die Syringe von Ramses VI.) und selbstverständlich KV 62 (das Mausoleum von Tutanchamun). KV 9 und KV 62 liegen im Zentrum des Tals der Könige, von dem ein planierter Fußweg zu weiteren Gräbern führt. Und praktisch am Übergang des Zentralplatzes in den felsigen Weg liegt KV 63. Soweit bekannt wurde zum Zeitpunkt der Entdeckung von KV 63 in diesem Areal nur in KV 10, also Schadens eigenem Konzessionsterrain, gearbeitet. Das von Edwin Brock bemerkenswerterweise nicht näher bezeichnete Grab muß also in Wahrheit nichts anderes als sein eigenes Forschungsobjekt – KV 10 – sein. Warum aber nennt Brock nicht Roß und Reiter? Es gibt keinen Grund zu verschweigen, wo man den Fund gemacht hat. Aber auch diese Frage ist bis heute unbeantwortet.

Und vor diesem Grab verläuft besagter planierter Gehweg auf Felsgestein, den jährlich wohl Zehntausende von Touristen, viele SCA-Mitarbeiter und wohl auch etliche Ägyptologen nutzen, um an die noch tiefer im Tal befindlichen Ruhestätten zu gelangen. Und weder die Straßenarbeiter noch die Grabungsmannschaften oder die anderen Wissenschaftler haben in den vergangenen Jahrzehnten den Eingangsschacht bemerkt.

Erst jetzt, bei ihren »Routine-Grabungen«, wollen Dickey, Schaden und Brock auf den Zugang gestoßen sein. Die Art der Steinsplitter soll Schaden dabei die ersten Hinweise gegeben haben. Oder waren es doch, wie in mehreren anderen Berichten zu lesen ist, altertümliche Arbeiterhütten, die über dem Zugang errichtet worden waren, wie das auch bei der Tutanchamun-Entdeckung der Fall gewesen ist? Die Reste der Hütten wiederum wurden routiniert beseitigt, und dann stieß man ebenso routiniert auf die Cachette.

Und auf der anderen Wegseite schaute Nicholas Reeves, der KV 63 schon Jahre vor Schaden mittels Radar ortete, dem Treiben seiner US-Kollegen teilnahmslos zu. Erst als Schaden das Depot gefunden hatte, überließ Reeves ihm offenbar großzügig Kopien seines Materials, damit Schaden den von ihm bereits entdeckten Eingang entdecken konnte. Gerne verzichtete er auch auf den Applaus der Fachwelt und den zu erwartenden schnöden Mammon.

Falls nunmehr jemand den Überblick verloren haben sollte, braucht er sich nicht zu wundern – auch in Fachkreisen glaubt kaum jemand die von den Beteiligten zum Besten gegebenen Abläufe. Einer dieser Zunftgenossen sagte den Verfassern telefonisch: »Es ist immer noch offen, wie die Schaden-Gruppe *zufällig* auf KV 63 stieß.« Zeitgenössische Fotografien sprechen jedenfalls auch nicht gerade für die »Routine-Grabung-Felssplitter-Arbeiterhütten-Grabeingang-Version«. Die Verfasser konnten jedenfalls bisher kein Foto von Suchgräben der Schaden-Crew aufspüren.

Kurz gesagt: Wir müssen erkennen, daß die Fundhistorie von KV 63 voller Widersprüche und Ungereimtheiten steckt. Aber wir sind leider noch längst nicht am Ende der Skandalgeschichte von KV 63 angekommen. Wieder ist es Nicholas Reeves, der eine neue Seite aufschlägt – mit tatkräftiger Unterstützung von SCA-Chef Zahi Hawass.

Reeves rudert zurück

So schnell, wie Nicholas Reeves seine Mitentdecker-Ansprüche in die Welt hinausposaunt hatte, so überraschend und kleinlaut zog er sie nämlich nur rund zwei Wochen, nachdem die KV 63-Entdeckung weltweit publik geworden war, auch schon wieder zurück. Auf seiner persönlichen Homepage schrieb er am 28. Februar 2006, er halte es für angebracht, einiges richtigzustellen. Auf keinen Fall wolle er die Entdeckung für sich reklamieren, betonte Reeves und gratulierte Otto Schaden ausdrücklich zu dessen Grabungserfolg. Ebensowenig behaupte er, so der Engländer weiter, daß erst seine Radardaten das amerikanische Team zum Erfolg geführt hätten.

Im gleichen Atemzug räumt Reeves unverhohlen ein, daß er anfänglich sehr enttäuscht gewesen sei. »Da war schließlich ein Grab, dessen Position wir bereits 2000 mittels Bodenradar lokalisiert hatten und das exakt in dem Gebiet lag, für das wir bis 2002 auch eine Grabungskonzession hatten. Das war also ein Fund«, machte er deutlich, »von dem man mit Fug und Recht hoffen durfte, ihn auch selber heben zu können.«

Besagte Hoffnungen lösten sich spätestens im Jahr 2002 in Schall und Rauch auf, als Nicholas Reeves von Zahi Hawass wegen des Verdachts auf Antiquitäten-Schmuggel die Grabungslizenz entzogen wurde. Am 7. August 2005 rehabilitierte das SCA dann aber Nicholas Reeves völlig überraschend in vollem Umfang und sprach ihn von sämtlichen Verdachtsmomenten frei. Erst kurz zuvor hatte, wie dargelegt, Reeves seine explosiven Unterlagen Schaden überlassen.

War dies lediglich eine Duplizität der Ereignisse? Oder spekulierte Reeves darauf, in naher Zukunft das ARTP-Unternehmen im Tal der Könige wieder fortsetzen zu können? Zwar wartet der quirlige Ägyptologe von der britischen Insel noch immer auf die Grabungsbewilligung, er räumte aber auf Anfrage ein, daß unsere Vermutung nicht von ungefähr kommt. »Wir stehen mit der ägyptischen Altertümerverwaltung diesbezüglich in Diskussion«, erklärte Reeves.

Und das aus gutem Grund. Nicholas Reeves hat nämlich einen weiteren Pfeil im Köcher. Trifft er ins Schwarze, kann der Engländer vielleicht in die Fußstapfen seines berühmten Landsmanns Howard Carter treten, dem Entdecker Tutanchamuns. Die Chancen hierfür stehen gar einmal nicht so schlecht. Denn Reeves hat nicht nur KV 63 aufgespürt, er war ferner, so unglaublich das auch klingen mag, auf der Fährte von KV 64. Und das gleich in mehrfacher Hinsicht. Die erste Spur fand er wieder mittels seines Bodenradars, wie Reeves auf der Internetseite der »Valley of the Kings Foundation« eher beiläufig erwähnt: »Andere Echozeichen auf den Radarschirmen während unserer Untersuchungen im Jahre 2000 lieferten deutliche Hinweise auf die Existenz neuer Gräber. Eines dieser Echozeichen war KV 63.«

Reeves hat also mindestens eine zweite Stelle mit hohem, ja sogar sehr hohem Fundpotental lokalisiert. Und das im selben Areal wie KV 63, denn lediglich in diesem Gebiet führte er die Sondierungen durch. Natürlich behielt er »Ortungsstelle 2« ursprünglich ebenfalls für sich.

Aber warum? Offensichtlich hatte er einen plausiblen Grund für sein Verhalten, der selbst den kenntnisreichsten Ägyptologen nicht gegenwärtig gewesen zu sein scheint.

Nicholas Reeves war nämlich längst nicht der erste Wissenschaftler, der Radaruntersuchungen in Biban el-Moluk vorgenommen hat. Das geht aus längst vergessenen Fachschriften hervor. Demnach wurden schon in den 1970er Jahren erste Meßversuche unternommen – just in der Region des Tals der Könige, in der auch KV 63 entdeckt wurde und in dem sich zugleich das ARTP-Areal befindet!

Abbildung 8
In Stein gehauene Darstellungen wie jene des Pharaos Echnaton wurden im Gräberfeld
von Amarna gefunden.
Bild: Thomas Kühn

Der »vergessene Pionier«

Durchgeführt hat diese Untersuchungen seinerzeit eine Gruppe des »Stanford Research Institute« (SRI) unter Leitung von Lambert T. Dolphin. Der Physiker publizierte seine Ergebnisse unter anderem 1980 in einem Report mit dem Titel »Locating Hidden Tombs in the Valley of the Kings«.

Nach Lage der Dinge scheint es das Verdienst des Computerexperten Thomas Simms vom »Department of Computer Science« der Universität im kanadischen Calgary zu sein, daß das Dolphin-Material wieder in Erinnerung gerufen wurde. Simms hat jedenfalls bereits Mitte der 1990er Jahre auf die SRI-Untersuchungen hingewiesen und die wichtigsten Resultate des Forschungsunternehmens auf seiner Internetseite veröffentlicht. Und das aus gutem Grund: Der fachexterne Thomas Simms erkannte – im Gegensatz zu den meisten Mitgliedern aus dem Fachbereich der Ägyptologie – die schwergewichtige Bedeutung des Dolphin-Reports.

So ist in dem Bericht unter anderem in einem Schaubild mit der Bezeichnung »Figure 3: Underground Sonic Survey Results« eingezeichnet, wo die Ortungen des SRI Hohlraum-Echos in den vermessenen Regionen registrierten. Ein Blick reicht aus, um zu erkennen, daß einige der gewonnenen Echos nahezu deckungsgleich dort registriert wurden, wo Otto Schaden und Nicholas Reeves über zwanzig Jahre später auf KV 63 stießen – nämlich zwischen dem Eingang zu Tutanchamuns Grab und dem (nicht im Schaubild erfaßten) Zugang zur Gruft des Königs Amenmesse.

Soll das wirklich nur purer Zufall sein? Wohl kaum, denn auf »Figure 4«, dem nächsten Schaubild, ist sogar – ähnlich wie auf einer Schatzkarte – mit einem Kreuz in einem Kreis vermerkt, wo sich die aussichtsreichste Suchregion befindet. Sie ist ziemlich identisch mit dem Gebiet, wo auch die Grabungen von Reeves ihren Ausgang nahmen. Allem Anschein nach wußte er also von den SRI-Ergebnissen und konnte sie für vergleichende Analysen nutzen. Dadurch wurde er selbstverständlich in die Lage versetzt, die Richtigkeit beziehungsweise die Fehlerhaftigkeit der eigenen Ergebnisse besser einzuschätzen. Reeves verfügte also mutmaßlich über eine Art »archäologischer Qualitätskontrolle«.

Die relative Übereinstimmung der ARTP-Messungen mit den SRI-Ergebnissen zeugt von der hohen Qualität von Dolphins Arbeit, der ja über eine im Verhältnis zu der modernen technischen Ausrüstung von Reeves regelrecht antiquierte Technik verfügte, die noch in den vielzitierten Kinderschuhen steckte.

Lambert T. Dolphin kann demnach mit Fug und Recht zumindest als »Mitentdecker« des neu georteten Grabes KV 63 bezeichnet werden. Aber darüber wird in Kreisen der Ägyptologie kein öffentliches Wort verloren. Etwa deshalb, weil Dolphin ein Physiker und somit kein Altertumswissenschaftler ist?

Viel interessanter aber ist die Frage, in wessen Auftrag Dolphin in den 1970er Jahren diese Feldarbeiten durchführte – und was wurde letztlich mit den Ergebnissen bezweckt? Hinweise lassen sich einer persönlichen E-Mail des Naturwissenschaftlers entnehmen, die er am 20. April 1996 aufgrund einer an ihn gerichteten Anfrage verfaßte. Darin weist er ausdrücklich darauf hin, daß Teile seiner damaligen Forschungsprojekte in Ägypten von der in Forscherkreisen umstrittenen »Cayce Foundation« (ARE) finanziert wurden.

Geheime Forschungen der »Cayce Foundation«?

Die in den USA beheimatete Stiftung hat es sich zum Ziel gesetzt, die Voraussagen des neuzeitlichen »Propheten« Edgar Cayce (1877 – 1945) zu bestätigen. Edgar Cayce zählt sicher zu den bekanntesten Sehern und Wunderheilern des 20. Jahrhunderts. Unter anderem hat er in Trance die Entdeckung einer geheimen »Kammer des Wissens« auf dem Pyramidenplateau von Gizeh, wo das Cheops-Mausoleum errichtet worden ist, vorausgesagt. Die Verfasser haben Hinweise darauf erhalten, daß die Cayce-Stiftung heimlich mit namhaften Ägyptologen kooperieren soll. Da wir hierfür aber keinen Beweis ermitteln konnten, halten wir die Namen zurück. Aber man kann an der Tatsache, daß Dolphin & Co überhaupt die Genehmigung für Forschungsarbeiten im Tal der Könige ausgestellt bekamen, erkennen, daß hier einvernehmliche Kontakte auf höchster Expertenebene bestanden oder sogar noch bestehen.

Was aber könnte sich für die Cayce-Leute im Tal der Könige an Wertvollem befinden, oder was hofften sie auf dem alten Friedhof zu finden, das für sie von Interesse sein sollte? Oder ganz anders gefragt: Wurden die Anhänger des Propheten aufgrund der Dolphin-Erkenntnisse zu einem späteren Zeitpunkt bereits fündig? Das dunkle Treiben bleibt (vorläufig) unaufgehellt. So sind der Spekulation Tür und Tor geöffnet. Daran wollen sich die Verfasser nicht beteiligen. Sicher ist hingegen: Auf dem königlichen Bestattungsplatz wartet noch so manche kleine und große Überraschung auf ihre Entdeckung.

Eine davon könnte übrigens in den Radarbildern von Lambert T. Dolphin festgehalten sein. In der erwähnten »Abbildung 3« seiner Diagramme ist nämlich noch eine dritte »Hohlraumkette« eingezeichnet. Diese verläuft ziemlich genau in Richtung Westen und beginnt offenbar lediglich vier bis fünf Meter hinter der Nebenkammer von Tutanchamuns Bestattungsstelle. Insgesamt besteht die »Kette« aus sechs Höhlungen, von denen die ersten beiden von besonderem Interesse zu sein scheinen. Wurden diese Hohlräume bereits inspiziert? Etwa von Mitgliedern der Cayce-Foundation oder aber im Rahmen der ARTP-Grabungen? Oder hat »Geheimniskrämer« Zahi Hawass ein Sondierungsverbot erlassen? Denkbar wäre natürlich auch, daß sich die vermeintlichen Kammern als Fehlmessungen entpuppt haben, als

Abbildung 9
Edgar Cayce, einer der be-
kanntesten Seher des 20.
Jahrhunderts, hat in Trance
die Entdeckung einer ge-
heimen »Kammer des Wissens«
auf dem Pyramidenplateau
von Gizeh vorausgesagt.
Bild: Edgar Cayce Foundation

Reeves, der mit einem japanischen Radarexperten zusammengearbeitet hatte, mit der wesentlich verfeinerten Technik des Jahres 2000 die Arbeit von Dolphin wiederholte.

Und damit kommen wir zum letzten Rätsel um die Entdeckung von KV 63. Die beiden Ketten von Anomalien wurden von der Nebenkammer der unterirdischen Tutanchamun-Gruft aus gemessen. Es ist völlig offen, welche Technik dabei zum Einsatz gelangte. Noch mysteriöser aber ist die Tatsache, daß wir trotz tatkräftiger Unterstützung durch drei äußerst hilfsbereite Ägyptologen keinerlei Erwähnung dieser Messungen in Fachpublikationen finden konnten. Waren diese Aktivitäten vom SCA genehmigt, oder wurden sie gar heimlich, still und leise vorgenommen?

Somit bleiben am Ende des KV 63-Skandals mehr Fragen als Antworten. Die Verfasser haben aufgezeigt, daß sich die Entdeckungshistorie keinesfalls so abgespielt hat, wie man uns Glauben machen möchte. Dabei spielen menschliche Charakterschwächen eine nicht zu unterschätzende Rolle. Persönliche Eitelkeit, Mißgunst und Frustrationen waren die Triebfeder für so manche Aktion oder Verlautbarung – aber auch für so manche Geheimhaltung und Informationsbeschränkung.

Wer glaubt, dies sei ein Einzelfall, also die sprichwörtliche Ausnahme von der Regel, dem sei gesagt, daß er sich sehr zu unserem Leidwesen irrt.

Schon in der nächsten Geschichte geht es um eine ägyptologische Affäre, die beinahe zu massiven politischen Zwistigkeiten geführt hätte. Ursache sind erneut menschliche Unzulänglichkeiten. Aber wir fanden auch Positives: Diplomatisches Geschick, Sensibilität und Flexibilität entkrampften in letzter Minute die spannungsgeladene Verhandlungsatmosphäre.

Post Scriptum

Wie von G.F.L. Stanglmeier bereits im Jahr 2004 angekündigt, fand man KV 63 tatsächlich in unmittelbarer Nähe zu KV 62, der Tutanchamun-Gruft. Die ursprünglich als nichtkönigliches Grab konzipierte Anlage wurde aber mutmaßlich nie ihrer ursprünglichen Bestimmung zugeführt. Denn neben rund zwanzig Calcit-Gefäßen fanden sich darin zwar auch sieben mehr oder minder gut erhaltene Holzsärge – aber keine einzige Mumie! Damit hat sich auch der zweite Teil von Stanglmeiers Behauptung, KV 63 sei kein Grab, sondern vielmehr ein Depot, als zutreffend herausgestellt.

Prunkstück unter den Artefakten ist ein beinahe winziger Sarg, der nur dreißig Zentimeter lang ist. Dafür ist er vollständig mit Gold umhüllt. Bisher gibt es kein vergleichbares Exemplar in Ägypten.

2. Kapitel

Gut gebrüllt, Löwe!

Die »KV 55-Sarg-Affäre«:
Jetzt spricht die Staatskanzlei

»*Es gibt Fragen, die man nicht stellt.*«

B ayern ist ein schönes Land. Immerhin nennt der Freistaat im äus-
sersten Süden der Bundesrepublik Deutschland drei Prozent der
Alpen sein eigen. Hier ist es noch ruhig und beschaulich. Ruhig mag es
der Bayer sowieso am liebsten. Auch in der »Staatlichen Sammlung
Ägyptischer Kunst« in München arbeitet man gerne in aller Ruhe –
und Heimlichkeit.

Damit war es aber spätestens am 18. Oktober 1999 vorbei. Helle Aufregung herrschte im Ägyptischen Seminar an der Meiserstras-
se. Die Ursache: Das Hamburger Nachrichtenmagazin »Der Spiegel«
verbreitete Unglaubliches: »Die ›Staatliche Sammlung Ägyptischer
Kunst in München‹«, so steht es schwarz auf weiß in dem betreffenden Artikel der Ausgabe Nummer 42/1999, »ist in einen peinlichen
Kunstraub-Krimi verwickelt.«

Das konnte natürlich nicht der Wahrheit entsprechen. Tat es auch
nicht. Es war kein Kunstraub-Krimi – es wurde eine Staatsaffäre.

Blenden wir zurück: Am 6. Januar 1907 hatte der Archäologe Edward R. Ayrton im Tal der Könige den Eingang zu einem weiteren
Grab entdeckt, das später unter der Nummer »KV 55« registriert wurde. Der Typus wies in die späte 18. Dynastie. In der unvollendeten
Gruft fand sich ein heilloses Durcheinander an Artefakten. Darunter, sozusagen das Prunkstück der Entdeckung, ein Pharaonensarg
mit »Rischi-Muster«. Rischi heißt so viel wie »Feder« und ist der ägyptologische Fachausdruck für Särge, die im Stil des zweiten Tutanchamun-Sarges gearbeitet sind. Das Oberteil des Mumienbehälters war
noch in relativ gutem Zustand, aber das Unterteil, die Sargwanne,
entpuppte sich leider als weitestgehend verrottet. Allerdings gelang
es Ayrton, den überwiegenden Teil der goldenen Verkleidung des Sarges zu bergen. Angeblich wurde sie im Anschluß an die Arbeiten in
das Ägyptische Museum nach Kairo überführt.

Was dann geschah, ist bis heute ungeklärt geblieben. Sicher ist
lediglich, daß der Goldglitter im Inventarverzeichnis des Kairoer Museums im Jahr 1931 plötzlich als »fehlend« vermerkt ist. Das ist für
lange Zeit der letzte Hinweis auf die Pretiosen. Wie es im illegalen
Kunsthandel häufig der Fall ist, tauchten die Sargreste an einem bestimmten Ort in einem bestimmten Land fast ein halbes Jahrhundert

Abbildung 10
Hat die Restaurierung der stark beschädigten Sargwanne aus KV 55 220.00 oder zwei
Millionen Mark gekostet? Bis heute ist unklar, ob das kostbare Kunstwerk ursprünglich
nicht gestohlen wurde.
Bild: Fritz Kuhn

später plötzlich wieder auf – das war 1980 in Genf in der Schweiz. Zufall ist das nicht. Nach europäischem Recht war der mutmaßliche Diebstahl der Goldfolien zu diesem Zeitpunkt verjährt.

Besitzer ist nunmehr der Kunsthändler Nikolas Koutoulakis. Wie er an den Zierrat gelangte, bleibt ein Geheimnis. Auf einer wenige Tage nach Bekanntgabe der »KV 55-Sarg-Affäre« einberufenen Pressekonferenz diesbezüglich befragt, antwortete Dr. Sylvia Schoske, die Direktorin der Staatlichen Sammlung Ägyptischer Kunst in München: »Es gibt Fragen, die stellt man nicht.« Dabei gibt es noch weitere, äußerst spannende Fragen zu dem Vorgang an Sylvia Schoske, wie noch aufgezeigt wird.

Kunsthändler Nikolas Koutoulakis versuchte jedenfalls, die Aegyptiaca in der Folgezeit auf dem Antikenmarkt zu versilbern. Ein Versuch in New York scheiterte. Doch dann trat einer der bekanntesten, aber zugleich auch einer der umstrittensten deutschen Ägyptologen auf den Plan: Professor Dr. Dietrich Wildung, heute Direktor der größten altägyptischen Sammlung der Bundsrepublik – nämlich des Ägyptischen Museums Berlin und Ehemann von Sylvia Schoske. Zuvor allerdings war Wildung in selbiger Funktion in München tätig. Mit ihm wurde Koutoulakis handelseinig – die Verzierungsfragmente fanden ihre neue Heimat an der Isar. Nur hat niemand davon erfahren. Und dabei handelte es sich immerhin um eine stolze Summe, die man in München in die aufwendige Restaurierung der Sargwanne investierte. Mit den Jahren kam da einiges zusammen. »Über zwei Millionen Mark [rund eine Million Euro]«, sagte uns ein Informant. »Genau 220.000 Mark waren es«, wollte eine andere Quelle wissen.

Dann gab Sylvia Schoske am 20. Oktober 1999 ihre vielbeachtete Pressekonferenz. Immerhin: Es durften Fragen gestellt werden. Doch zuerst stellte Schoske die Sichtweise der Staatlichen Sammlung dar. So betonte die resolute Museumsdirektorin gleich zu Beginn ihrer Ausführungen: »Wir haben das Kunstwerk weder versteckt, noch glauben wir, daß es ein gestohlenes Objekt ist.« Auch seien Berichte, die behaupten, München hätte geplant, die KV 55-Wanne für sich zu behalten, völlig aus der Luft gegriffen. Vielmehr habe sich das Münchner Museum seit 1985 (sic!) darum bemüht, das Sargunterteil an Kairo zurückzugeben. Man stelle sich vor: 14 Jahre lang fanden die Münchener Ägyptologen offenbar keine Möglichkeit, die

Wanne wieder in ihr Heimatland zu überführen. Das sei durch die »politischen Wirren« im Land am Nil gescheitert, hieß es. So, so, die politischen Wirren waren also schuld.

In der Bundesrepublik müssen im gleichen Zeitraum permanent Revolutionen stattgefunden haben, denn die Öffentlichkeit wurde überhaupt nicht über den Besitz des Objekts unterrichtet – bis »Der Spiegel« Wind von der Sache bekam. Diese Geheimniskrämerei hat eigentlich überhaupt keinen plausiblen Grund – es sei denn, das KV 55-Sargunterteil ist tatsächlich Raubgut, das man erworben hat. Das freilich wäre ein wahrlich triftiger Grund, den Menschen in Bayern das ägyptische Leichenbehältnis vorzuenthalten. Es ist ja allem Anschein nach auch völlig ausreichend, wenn die Ägyptologen sich an den Pretiosen ergötzen können, deren Erwerb ihnen edle Spender und/oder der Steuerzahler ermöglichen.

An dieser Stelle würde man in München sicherlich die Stimme zum Protest erheben und darauf verweisen, daß Dietrich Wildung die Verzierungen kostenlos überlassen worden seien. Das mag zutreffen, man darf dabei aber nicht die erheblichen Kosten vergessen, die zuvor schon entstanden waren. Dazu zählen auch Spesengelder für Verhandlungsreisen an den Nil, die Wildung unternahm. Das Ziel des Professors war es gewesen, den Mumienbehälter gegen Dauerleihgaben einzutauschen. Glaubt man dem »Spiegel«, endete das Vorhaben in einem diplomatischem Fiasko. Demnach wurde Wildung »vom Präsidenten der Altertümerverwaltung, Gaballah Ali Gaballah, nach zehn Minuten aus dem Haus komplimentiert«.

Damit hatte die Bayerische Staatsregierung ein Problem – und zwar ein mächtiges. Denn im Mai 2001 wollte der damalige Ministerpräsident Edmund Stoiber (genannt auch der »bayerische Löwe«) nach Kairo reisen und dort unter anderem die leidige und imageschädigende Affäre aus der Welt schaffen. Das, so hatte es den Anschein, konnte man jetzt getrost ad acta legen.

Das Schicker-Papier

Nach Kenntnisstand der Verfasser wurde noch nie ausführlich dargestellt, wie aus Sicht der Bayerischen Staatskanzlei (und somit aus Sicht des bayerischen Ministerpräsidenten) die Gespräche über die KV 55-Sargwanne mit den staatlichen ägyptischen Stellen verliefen – und letztendlich doch noch zu einem durchschlagenden Erfolg geführt werden konnten. Uns liegt diesbezüglich exklusiv ein fünfseitiges Dokument vor, das wir an dieser Stelle in vollem Wortlaut veröffentlichen. Das Schreiben stammt aus der Staatskanzlei und trägt den Betreff: »Rückführung der Wanne eines Pharaonensarges von München nach Kairo«. Verfasser der Ausführungen ist (im Auftrag von Ministerpräsident Edmund Stoiber) der Ministerialrat Adolf Schicker.

Wörtlich brachte er zu Papier:

»Bei der Sargwanne handelt es sich um Fragmente des unteren Sargteils eines im Jahr 1907 im Grab 55 im Tal der Könige in Ägypten gefundenen Sarges. Die gefundenen Sargbestandteile wurden um 1915 in das Ägyptische Museum Kairo gebracht, der Sargdeckel ist seit dieser Zeit dort ausgestellt. 1931 wurden diese Sargteile im Journal d'Entrée [Ein- bzw. Zugangsverzeichnis des Museums, Anm. d. Verf.] als fehlend vermerkt. Anfang der 1980er Jahre entdeckte der damalige Direktor der Staatlichen Sammlung Ägyptischer Kunst, Herr Prof. Dr. Wildung, die

Abbildung 11
Im Stil des zweiten Tutanchamun-Sarges gearbeitet ist der Sarg aus KV 55, dessen gut erhaltener Deckel ein fester Bestandteil der Ausstellung im Ägyptischen Museum von Kairo ist.
Bild: Fritz Kuhn

Fragmente des unteren Sargteils – völlig zerdrückte Goldfolien, Holz-
bruchstücke und Hieroglypheneinlagen im bunten Glas – bei einem
Schweizer Privatsammler. Die Sargteile befanden sich damals in einem
Zustand, der weder für eine Präsentation in einem Museum geeignet war,
noch erkennen ließ, ob ein solcher Zustand durch Restaurierungsarbei-
ten jemals würde erreicht werden können.

Um die Fragmente vor einer endgültigen Zerstörung zu retten, er-
klärte sich der Schweizer Privatsammler damit einverstanden, diese dem
Staatlichen Museum Ägyptischer Kunst in München zur Restaurierung
zu überlassen. Anfänglich war beabsichtigt, das Objekt nach einer sol-
chen Restaurierung in die Bestände des Museums zu überführen. Bei
einer genaueren Beschäftigung mit den Objekten wurde jedoch deutlich,
um welche Stücke es sich hier handelte. Deshalb wurden Kontakte mit
dem Ägyptischen Museum in Kairo geknüpft, um im Einvernehmen mit
Ägypten eine möglichst authentische und mit dem im Museum in Kairo
befindlichen anderen Teil des Sarges zusammenpassende Restaurierung
zu erreichen. Dadurch erhielt die ägyptische Seite erstmals Kenntnis von
der Existenz der seit 1931 als ›missing‹ vermerkten Sargteile. Nachdem
die Bedeutung der Sargteile erkannt war, war es sowohl dem Schweizer
Privatsammler als auch dem damaligen Direktor der Staatlichen Samm-
lung Ägyptischer Kunst in München ein Anliegen, die Sargteile in Ägyp-
ten wieder zusammenzuführen.

Im Dezember 1985 wurde im Zusammenhang mit der Eröffnung der
Sonderausstellung »Nofret – die Frau im Alten Ägypten« in München der
restaurierte Sarg einer ägyptischen Delegation gezeigt. Angesichts der be-
sonderen Erwerbsgeschichte des Sarges wurde über Möglichkeiten verhan-
delt, den Sarg gegen einige Dauerleihgaben aus den Beständen des
Ägyptischen Museums Kairo in dieses zurückzuführen. Im Rahmen die-
ser Verhandlungen erklärte sich auch der Schweizer Sammler, der nach
wie vor den Sarg als zu den Beständen seiner Sammlung gehörig betrach-
tete, mit einer Rückführung an das Ägyptische Museum Kairo gegen ei-
nen angemessenen Ausgleich der dem Staatlichen Museum Ägyptischer
Kunst München entstandenen Restaurierungskosten einverstanden. Er ließ
den Sarg schließlich 1995 sogar in einer entsprechenden Erklärung durch
seine Tochter dem Staatlichen Museum Ägyptischer Kunst in München
mit der Auflage übereignen, daß dieser dem Ägyptischen Museum Kairo

gegen einen Ausgleich der Aufwendungen des Münchner Museums zurückzuführen sei.

Von bayerischer Seite war seitdem von allen Stellen immer wieder
versucht worden, einen angemessenen Weg für eine Rückführung des
Objekts an das Ägyptische Museum in Kairo zu finden.

Bei Gesprächen in Kairo mit dem ägyptischen Kulturminister Farouk
Hosni, dem Chairman der Altertümerverwaltung Nur ed-Din und dem
Generaldirektor des Kairoer Museums Saleh im Jahre 1994 wurden von
seiten des Staatlichen Museums Ägyptischer Kunst konkrete Austausch-
objekte aus dem Kairoer Museum benannt, die in Abstimmung mit allen Beteiligten von ägyptischer Seite als Gegenleistung für die Rückführung
des Sarges in Form einer Dauerleihgabe zur Verfügung gestellt werden
sollten. Jedoch blieb ein in diesem Zusammenhang von seiten des Bayerischen Staatsministeriums für Wissenschaft, Forschung und Kunst an
den ägyptischen Botschafter Mohab Mokbel gerichtetes Schreiben mit
der Bitte, die Angelegenheit weiter voranzubringen, bis auf eine Zwi-
schennachricht vom November 1994 unbeantwortet.

Neue Bewegung in die Bemühungen um eine sachgerechte Lösung des
Problems kam im Rahmen der Vorbereitung der Ägyptenreise des Herrn
Ministerpräsidenten im Mai 2001. Mit Schreiben vom 3. Oktober 2000
hatte sich der ägyptische Kulturminister Farouk Hosni an Herrn Ministerpräsidenten Dr. Stoiber gewandt und um Rückgabe des Sargunterteils gebeten. Herr Ministerpräsident stellte bei seinem Besuch in Ägypten
klar, daß Bayern nach wie vor bereit sei, das dank Bayern wiederent-
deckte, erhaltene und unter erheblichem technischen Aufwand in mehr-
jähriger Arbeit restaurierte Sargunterteil an Ägypten zurückzugeben. Das
Staatliche Museum Ägyptischer Kunst erstellte für die Ägyptenreise eine
Bildmappe, die das Sargunterteil einmal in seinem ursprünglichen Zustand sowie im restaurierten Zustand zeigte. Die von Herrn Ministerpräsidenten geäußerte Bereitschaft war auch – entgegen manch anders
lautender damaliger Presseverlautbarung – nicht an irgendwelche Bedingungen geknüpft.«

Das war ein äußerst geschickter Schachzug des erfahrenen Politstra-
tegen Stoiber, der sich lukrativ auszahlen sollte, wie die weiteren
Darlegungen von Adolf Schicker verdeutlichen.

Abbildung 12
Staatsaffäre in letzter Minute vermieden: Der bayerische Ministerpräsident Edmund
Stoiber (2. von rechts) sorgte dafür, daß die Sargwanne aus KV 55 wieder an Ägypten
zurückgegeben wurde. Sylvia Schoske (3. von rechts), die Direktorin der Staatlichen
Sammlung Ägyptischer Kunst in München, hatte dies nicht zustande gebracht. Bei der
»Abschiedsausstellung« wurde auch der in Kairo verwahrte Sargdeckel gezeigt.
Bild: Fritz Kuhn

»*Das Versprechen von Herrn Ministerpräsidenten*«, fährt der Ministerialrat fort, »*das Sargunterteil unter Verzicht auf Erstattung der Restaurierungskosten nach einer vom Münchner Museum vorbereiteten ›Abschiedsausstellung‹ in der Staatlichen Sammlung Ägyptischer Kunst an Kairo zurückzugeben, brachte eine gute Atmosphäre und war einer der großen Erfolge des Besuchs in Ägypten. Auch in der Presse wurde anerkennend darüber berichtet.*«

Diese generöse Geste des »bayerischen Löwen« Edmund Stoiber brachte nun ihrerseits die ägyptischen Gastgeber unter Zugzwang, wie man Schickers Brief »zwischen den Zeilen« entnehmen kann:

»*Ägypten seinerseits hatte sich dankbar bereiterklärt, fünf herausragende wertvolle Stücke für die Ausstellung in München zur Verfügung zu stellen, darunter insbesondere das bedeutende Sargoberteil, das zuvor nie außerhalb des Ägyptischen Museums in Kairo zu sehen war.*«

Aufgrund der geschilderten Abläufe zieht Ministerialrat Adolf Schicker folgendes Fazit: »*Zusammenfassend läßt sich sagen, daß die durch Herrn Ministerpräsidenten Dr. Stoiber maßgeblich vorangetriebene Rückführung des Sargunterteils nach Ägypten und die einvernehmliche Lösung der Angelegenheit zwischen Bayern und Ägypten vor dem Hintergrund der über zwanzig Jahre andauernden Bemühungen nicht nur für die kulturellen Beziehungen, sondern für die Beziehungen zwischen Bayern und Ägypten insgesamt von großer Bedeutung waren und für die ägyptische Seite einen hohen Stellenwert hatten.*«

Die gelbe Karte für Wildung & Co

Ob beabsichtigt oder Zufall: Das Dokument ist eine symbolische Ohrfeige für Schoske und Wildung. Zeigt es doch auf, daß Edmund Stoiber in wenigen Stunden gelang, was die maßgeblichen Verhandlungsführer in zwanzig Jahren (!) nicht zuwege gebracht hatten – und das waren nun einmal die beiden in München sowie Berlin verantwortlichen Ägyptologen.

Sogar in Fachkreisen reagierte man mit Kopfschütteln auf das Gebaren von Wildung und seiner Ehefrau Sylvia Schoske. »Was da in Bayern abläuft, ist nicht akzeptabel«, äußerte couragiert der Göttinger Ägyptologe Friedrich Junge. Er stellte sich damit auf die Seite seines Kollegen Rolf Krauss, der in Berlin Untergebener von Dietrich Wildung war. Krauss hatte bereits im Sommer des Jahres 2000 im Rahmen eines Ägyptologentreffs in Heidelberg öffentlich gewagt, seinen eigenen Dienstherrn – Dietrich Wildung – an den Pranger zu stellen. Dieser (und andere deutsche Ägyptologen) seien in krumme Machenschaften verstrickt, hieß es da. Der Eklat war perfekt. Die Folge: Gemäß dem Grundsatz, daß man die Kleinen hängt, während man die Großen laufen läßt, wurde Rolf Krauss versetzt. Wildung aber blieb in Amt und Würden. Nicht anders verhält es sich bei Sylvia Schoske: Gemäß Mediendarstellung verweigerte sie interessierten Kollegen sogar die persönliche Inaugenscheinnahme der Wanne. Dabei hatten diese ein rein wissenschaftliches Interesse – sie wollten Hieroglyphenreste auf der Wanne entziffern, deren Übersetzung möglicherweise Licht in das Dunkel der späten 18. Dynastie hätte bringen können. Aber da war

nichts zu machen. Die einzige philologische Arbeit über die Wanne
bis zum Jahr 2000 stammt von – Sylvia Schoske. Und die hielt sie
zu allem Überfluß auch noch zurück.

Abbildung 13
Professor Dietrich Wil-
dung, heute Direktor des
Ägyptischen Museums
Berlin, wollte die Sarg-
wanne einst gegen Dauer-
leihgaben eintauschen –
und wurde in Kairo vom
Präsidenten der Alter-
tümerverwaltung deshalb
prompt aus dem Haus
geworfen – angeblich.
Bild: Dietrich Wildung

Und wir fragen doch!

Es nimmt deshalb nicht Wunder, wenn »Der Spiegel« schreibt: »Das
Vorgehen des Ehepaares wirft Fragen auf. Wollten Staatsbeamte
und Museumsleiter zwielichtige Ware durch Transaktionen weißwa-
schen und aus dem Geschäft noch Kapital schlagen?« Die Fragen sind
berechtigt. Mehr noch: Sie müssen gestellt werden. Immerhin geht es
um den Ruf der deutschen Ägyptologie. Und die Verfasser haben noch
ein paar Fragen mehr. Ob sie zu dem Typus von Fragen gehören, die
man nach Ansicht von Sylvia Schoske gar nicht erst stellt, wissen wir
nicht. Wir wissen allerdings, daß es um öffentliche und politische
Belange geht, die auch mit der Inanspruchnahme von öffentlichen

Geldern zu tun haben. Doch damit nicht genug: Die Fragen hängen auch mit dem Verständnis von Wissenschaft und Kulturwerten sowie kulturellen Hinterlassenschaften zusammen.

1. Warum konnten die Verhandlungen Bayerns mit Ägypten über die Rückführung der aus KV 55 stammenden Sargwanne auch nach fast zwei Jahrzehnten nicht erfolgreich zum Abschluß gebracht werden?

2. Welche Kosten entstanden in den zwei Jahrzehnten dem Steuerzahler für die Verhandlungen?

3. Wer trägt die politische Verantwortung für die Tatsache, daß das Leichenbehältnis rund 15 Jahre vor der Öffentlichkeit verborgen gehalten worden ist? Wer war in diesen Entscheidungsprozeß eingebunden?

4. Besitzt die Staatliche Sammlung Ägyptischer Kunst in München noch weitere Artefakte aus dem Alten Ägypten, die von herausragender wissenschaftlicher Bedeutung sind, aber weder der Öffentlichkeit oder den Medien noch ausländischen Kollegen zu Forschungszwecken zur Kenntnis gebracht wurden?

5. Wurde das Magazin der Staatlichen Sammlung Ägyptischer Kunst in München jemals von einer unabhängigen Expertenkommission untersucht? Wieviel Prozent dieser staatlichen Sammlung sind publizistisch erfaßt und in dieser Form auch für die Öffentlichkeit zugänglich?

6. Wie hat Dietrich Wildung die Sargreste »entdeckt«?

Diese wenigen Beispiele mögen genügen, um aufzuzeigen, daß zwar die außenpolitische Komponente der Affäre dank Edmund Stoibers flexibler Verhandlungsstrategie ein positives Ende genommen hat. Die innenpolitische Aufarbeitung der Ereignisse fehlt jedoch praktisch vollständig. Dies mag auch an einer inkompetenten Opposition – in diesem Fall bestehend aus SPD und Grünen – liegen, welche die Dimension der Ereignisse offensichtlich nicht erfaßt hat.

In Ägypten jedenfalls hatte man keine Hemmung zu sagen und zu zeigen, was man von dem Gebaren eines Dietrich Wildung hält. »Der soll sich am besten hier nicht mehr blicken lassen«, soll Zahi Hawass schon vor Jahren geäußert haben. Der seinerzeitige Vorwurf des SCA: Verstrickung Wildungs in Antikenschmuggel.

Post Scriptum

Der Sarg aus KV 55 gehört mit Sicherheit zu den umstrittensten ägyptologischen Objekten, die uns erhalten geblieben sind. Seit der Entdeckung im Jahre 1907 sind bis 2001 nicht weniger als 31 verschiedene Theorien zu ihm entwickelt worden. Jede hat ihre Schwachstellen, die meisten aber auch durchaus überlegenswerte Aspekte. Zumeist werden heute folgende Szenarien von den Experten erwogen:

• Sarg Echnatons.
• Sarg der Kija, einer Nebenfrau des »Ketzerkönigs« Echnaton und möglicherweise Mutter Tutanchamuns; das würde auch die relative Nähe zu dessen Gruft erklären.
• Sarg der Nofretete, Echnatons »Großer königlicher Gemahlin«.

Aber es kann natürlich auch alles ganz anders sein.

Abbildung 14
Das Ägyptische Museum in Kairo beherbergt unzählige Kunstschätze – dank der Bemühungen der Bayerischen Staatsregierung gehört dazu jetzt auch die Sargwanne aus KV 55.
Bild: Thomas Kühn

3. Kapitel

Das Geheimnis von Deir el-Bahari

*Unbekannte Felsengräber
über dem Tempel der Hatschepsut*

Eine geheime Verbindung

W ie bereits die ersten beiden Kapitel verdeutlichen, bedarf es keiner grenzwissenschaftlichen Vertuschungsspekulation, um feststellen zu können, daß sowohl Verheimlichung wie auch Geheimhaltung in der Ägyptologie an der Tagesordnung sind und gewissermaßen fast schon zur »Berufsehre« der Gelehrten zu gehören scheinen. »Aber«, so meinte ironisch ein älterer Ägyptologe, der es vorzieht, ungenannt zu bleiben, »das geschieht selbstverständlich nur ›im Dienste der Wissenschaft‹.« Auf Allgemeinplätze wie diese kann man bei der folgenden Geschichte aber von vorneherein verzichten, denn sie handelt von der Gefährdung einzigartigen Kulturguts – und der Gefährdung von Menschenleben.

Worum geht es? In einer Senke, direkt am Hang der dahinter aufragenden thebanischen Gebirgskette (das Tal der Könige schließt sich unmittelbar auf der anderen Seite der Felswand an), steht der berühmte Tempel der Pharaonin Hatschepsut (zirka 1498 – 1483 v. Chr.). Er ist unstrittig eines der schönsten und architektonisch anmutigsten Monumente der altägyptischen Kultur, die uns erhalten geblieben sind. In mühevoller und akribischer Arbeit haben zahlreiche Teams von Archäologen in den vergangenen Jahrzehnten diesen Tempel in seiner ursprünglichen Größe und seinem von den antiken Baumeistern geschaffenen Aussehen rekonstruiert. Dabei gelang polnischen Feldarbeitern hinter (!) der Kultstätte der Hatschepsut, also direkt am Felsmassiv, die Freilegung eines Totentempels, welcher der Verehrung des Königs Thutmosis III. (zirka 1504 – 1450 v. Chr.), dem unmittelbaren Nachfolger der Herrscherin, diente. Das Besondere an dem Fund bestand darin, daß er bis dahin völlig unbekannt gewesen war.

Dieser Tatbestand gab einem alten, auf der West-Bank von Theben kursierenden Gerücht neue Nahrung: Die Fellachen dort verbreiten gerne die Auffassung, daß zwischen dem Deir el-Bahari-Tempel der Hatschepsut und ihrem im Tal der Könige unmittelbar auf der anderen Seite des Gebirgsmassivs angelegten Grab (KV 20) ein geheimer Verbindungsgang existiert. Sogar Professor Dr. Dietrich Wildung will das nicht ausschließen. Er meint dazu: »Ein Verbindungsgang zwischen dem Grab der Hatschepsut im Tal der Könige und deren Tempel in Deir el-Bahari ist zwar nicht nachgewiesen, kann jedoch prinzipiell nicht ausgeschlossen werden. Eine räumliche Bezugnahme beider Anlagen aufeinander scheint sicher zu sein.« Der Professor ist klug, denn er weiß: Schon einmal gelang in den steilen Felswänden von Deir el-Bahari einer der spektakulärsten archäologischen Funde aller Zeiten. Die Entdeckung machte freilich kein Vertreter der Ägyptologie, sondern im Jahre 1871 Ahmed Rassul, ein Mitglied von Ägyptens bekanntestem (und wohl auch erfolgreichstem) Grabräuber-Clan, der noch immer in dem kleinen Dorf Qurna lebt. In einem Schacht zwischen dem Hatschepsut-Tempel und dem Königsfriedhof stieß Rassul auf mehr als fünfzig Mumien. Darunter fand man auch jene des Pharaos Amenophis I. (zirka 1551 – 1524 v. Chr.), allerdings im Sarg eines Priesters.

Die Wissenschaft war überrascht, denn sie stand vor einem Kuriosum: Nunmehr besaß sie zwar den Leichnam des Königs, sein Grab aber war noch immer nicht gefunden. Und an diesem Tatbestand hat sich bis in unsere Tage praktisch nichts geändert.

Abbildung 15
Der berühmte Tempel der Pharaonin Hatschepsut ist eines der gewaltigsten Monumente der altägyptischen Kultur. Direkt dahinter ragen hohen Felswände empor, die noch so manches Geheimnis verbergen.
Bild: www.panoptikum.net

Dabei, so möchte man meinen, müßte gerade diese Gruft längst lokalisiert worden sein, denn wir verfügen sogar über eine Erwähnung der Anlage in einem alten Papyrus, dem »Papyrus Abbott«. Es handelt sich dabei um den Auszug eines Protokolls über die Überprüfung des Zustandes verschiedener Gräber durch eine amtliche Sonderkommission, die Anschuldigungen über angebliche Grabräubereien nachging. Darin ist folgender Passus enthalten: »Der ewige Horizont [das heißt das Grab, *Anm. d. Verf.*] ... des Königs Amenophis I., ... welcher 120 Ellen ausgehend vom ahay seines sogenannten pa-a-ka im Norden des Tempels des Gartens Amenophis mißt, ... wurde heute untersucht und von den betreffenden Inspektoren für intakt befunden.« So weit, so schlecht, denn der Lageplan wirft mehr Fragen auf als er beantwortet. Was beispielsweise heißt »ahay«? Wie die Experten mutmaßen, steht der Ausdruck für etwas »Hervorstehendes«; meist wird dies als Synonym für »Stele« angesehen. Die gesamte Interpretation des Textes ist allerdings höchst unsicher, denn keiner der darin aufgeführten geographischen Fixpunkte konnte bis heute zweifelsfrei lokalisiert werden.

Dennoch muß Amenophis I. ja irgendwo bestattet worden sein. Und hier haben wir eine weitere Ironie des Schicksals: Für Amenophis stehen gleich zwei Gräber zur Auswahl, sprich: zur wissenschaftlichen Debatte. Eines davon, die Gruft AN B, befindet sich auf dem ebenfalls auf der West-Bank angelegten antiken Friedhof von Dra Abu'n-Naga. Das zweite Mausoleum liegt im Tal der Könige und trägt die Registraturbezeichnung KV 39. Ähnlich wie bei Grab 55 gibt es auch um KV 39 hitzige wissenschaftliche Diskussionen. Das nimmt nicht Wunder: Für beide Mausoleen sprechen viele Argumente – und ebenso viele dagegen.

So ist man beim »Deutschen Archäologischen Institut in Kairo« (DAIK) nach eingehender Analyse zu der durchaus schlüssigen Ansicht gekommen, daß sich die Gruft in Dra Abu'n-Naga befinden müsse. Welches ist aber nun die wahre Totenbehausung des Amenophis?

Fragt man den polnischen Wissenschaftler Professor Andrzej Niwinski, so fällt die Antwort unzweifelhaft aus: »Weder AN B, noch KV 39.« Der Ausgräber ist überzeugt, daß Amenophis I. in den Steilwänden hoch über dem Hatschepsut-Tempel von Deir el-Bahari bestattet wurde.

Abbildung 16
Auf dem antiken Friedhof von Dra Abu'n-Naga wird ohne Unterlaß nach neuen
Entdeckungen gegraben. Manche Ägyptologen vermuten hier auch die Gruft von
Amenophis I.
Bild: Th. Muschick & S. Baruth (www.isis-und-osiris.de)

Selbst gewöhnlich gut informierte Ägyptologen hatten (zumindest
bis zum Jahr 2005) kaum eine Ahnung von den Aktivitäten des Polen. Das änderte sich erst im August 2005, als »The Egyptian State
Information« (ESI) vermeldete, daß polnische Archäologen die Genehmigung des Kulturministeriums in Kairo erhalten hätten, das
Grab von Amenophis I. »im Tal der Könige« auszugraben. Die ESI-
Meldung war – falls sie denn der Wahrheit entsprach – eine wirkliche Sensation. Doch in Fachkreisen legte sich die Aufregung ebenso
rasch, wie sie entstanden war. Einige Anrufe genügten, um zu verifizieren, daß überhaupt kein polnisches Grabungsteam zu dieser Zeit
in Biban el-Moluk aktiv war. Die ägyptologische Welt war offenbar
wieder heil – allerdings nur drei Tage lang. Dann meldete sich via
Internet die Online-Ausgabe der in Moskau erscheinenden Tageszeitung »Prawda« (Wahrheit) zu diesem Thema. Dort hieß es: »Ein ägyptisch-polnisches Team begann mit der Freilegung des vollständig
erhaltenen Grabes von Pharao Amenophis I. im Tal der Könige in

der Nähe von Luxor. Laut Zahi Hawass, Generalsekretär des SCA, sind die Archäologen nahe an einer großen Entdeckung. Er erachtet die Grabung in Dra Abu'n-Naga als ähnlich bedeutsam wie die Entdeckung des Tutanchamun-Grabes 1922.« Und weiter ist in dem Artikel zu lesen: »Vermutlich werden dort, wo Amenophis I. bestattet ist, wertvolle Schätze gefunden.« Dazu soll Zahi Hawass geäußert haben: »Wir können uns die Fülle und den Wert der Schätze und die Menge des Goldes nicht einmal vorstellen, die wir im Grab Amenophis' I. finden könnten.« Und Zahis Kollege Sabri Abdel-Aziz vertritt in demselben Artikel die Meinung, daß nach der Freilegung des Grabes von Amenophis I. schwerlich neue Entdeckungen von ähnlicher Wichtigkeit zu erwarten seien.

Schön wäre es zwar gewesen, doch der »Prawda«-Bericht enthielt einige Fehler. Besonders ärgerlich war nicht zuletzt die Tatsache, daß darin zwei unterschiedliche Fundplätze für das Grab angegeben wurden. Dra Abu'n-Naga ist nämlich einige Kilometer vom Tal der Könige entfernt. An beiden Orten aber war kein neues Grabungsteam aufgetaucht. Wer also, so fragte sich die Gilde der Experten, gräbt denn nun an welchem Platz nach Amenophis?

Der Wirbel, den die Nachricht der »Prawda« verursacht hatte, kam einem veritablen Sandsturm gleich. Deshalb sah sich Dr. Victor V. Solkin, Präsident der »Association of Ancient Egypt Studies« (MAAT) zu einer Richtigstellung des zuerst lancierten Berichts in »The Egyptian State Information« veranlaßt. Solkins Korrektur erschien am 28. Mai 2005: »Eine ungenaue Übersetzung«, führt er darin unter anderem aus, »brachte russische Medien dazu, über eine Entdeckung zu berichten, die noch gar nicht gemacht wurde.« Neben der schlechten Übersetzung vom Arabischen ins Englische wurden mißverstandene Äußerungen von Zahi Hawass als weitere Fehlerquelle ausgemacht. Und letztlich gab Solkin natürlich auch den Medien noch eine Mitschuld, weil dies schließlich bei keinem halbwegs anständigen Dementi fehlen durfte. »Und manchmal kommt eine Sensation auf uns zu«, wird er zitiert, »die allein auf journalistischen Fehlern beruht.« Genau dies sei bei der Meldung über die angebliche Auffindung des unberührten Grabes von Amenophis I. geschehen. Tatsächlich war aber nichts weiter passiert als dies: Ägyptens Kulturminister Farouk Hosni hatte mitgeteilt, daß ein ägyptisch-polnisches

Team die Konzession erhalten habe, Grabungen in der thebanischen Nekropole durchzuführen. Erklärtes Ziel dabei sei es gewesen, das Grab von Amenophis I. zu finden.

Abbildung 17
Qurna, seit Urzeiten die Heimat der Rassul-Familie, des bedeutendsten und erfolg-
reichsten Grabräuber-Clans in ganz Ägypten.
Bild: Thomas Kühn

Mission Impossible

Die Verwunderung der Fachwelt konnte durch diese Erklärung freilich nicht gemildert werden. Im Gegenteil, denn noch immer blieb unklar, wo die internationale Mannschaft den Spaten tatsächlich ansetzte und wer der Leiter dieser »Mission Impossible« war.

Als gesichert konnte allerdings gelten, daß Zahi Hawass dem Unternehmen seine ausdrückliche Zustimmung gegeben hatte. Jedenfalls wird er mit folgenden Worten zitiert: »Falls das Team das Grab Amenophis' I. freilegt, dann würde dieser Fund zu den größten archäologischen Entdeckungen des 21. Jahrhunderts zählen.«

Sowohl die Fachwelt wie auch die interessierte Öffentlichkeit warteten jetzt ebenso gespannt wie nachvollziehbar auf weitere Informationen. Doch die blieben aus. Wieder einmal setzte kollektiv das große Schweigen ein. Erst im Dezember 2005 brachte ein Artikel des allgewaltigen SCA-Chefs Zahi Hawass in der halbamtlichen ägyptischen Zeitung »Al-Ahram Weekly« (Ausgabe 774) etwas Licht in die mysteriöse Angelegenheit. Hawass schrieb seinerzeit: »Vor drei Jahren, als ich Generalsekretär des Supreme Council of Antiquities wurde, besuchte mich der polnische Wissenschaftler Professor Andrzej Niwinski. Er fragte mich nach meinen Plänen für die darauffolgende Woche. Auf meine Frage nach dem Grund antwortete er, er sei nahe daran, ein intaktes Grab zu finden, und ich möge ihn begleiten. Er war überzeugt, das Grab Amenophis' I. sei in der Felswand von Deir el-Bahari.«

Bemerkenswert an dieser Stellungnahme ist jedoch, daß Hawass nicht angibt, wie er auf die Offerte von Professor Niwinski reagierte. Vielmehr macht er sofort im Anschluß an diese Feststellung einen »Zeitsprung« von zwei Jahren, indem er mitteilt: »Vor einem Jahr besuchte ich Deir el-Bahari und die Cachette, wo die Rassul-Familie 1871 diverse Mumien entdeckte, die 1881 ins Kairoer Museum verbracht wurden. Bei dieser Gelegenheit bemerkte ich Arbeiter, die große Felsbrocken aus der Felswand über Deir el-Bahari entfernten. Ich war verärgert, weil diese gefährlichen Aktivitäten den direkt darunterliegenden Hatschepsut-Tempel gefährden konnten. Ich mußte feststellen, daß diese Ausgrabungsarbeiten von Andrzej Niwinski geleitet wurden. Der SCA verfügte umgehend einen sofortigen Arbeitsstop, um den Hatschepsut-Tempel zu schützen.« Daraufhin stattete der polnische Professor dem SCA-Direktor einen Besuch ab und versuchte Hawass klar zu machen, daß er gerade dabei sei, die Amenophis-Gruft aufzufinden.

Ob der Pharao dort tatsächlich zur letzten Ruhe gebettet wurde oder nicht: Andrzej Niwinski konnte immerhin nachweisen, daß in der Steilwand einst reges Treiben geherrscht hatte. Der polnische Altertumsforscher hatte in den Felsen sage und schreibe 250 Wandmalereien entdeckt. Darunter befanden sich auch menschliche Abbildungen, zumeist aber allerlei Tiere wie etwa Fische.

Wie, um alles in der Welt, kam Niwinski darauf, ausgerechnet hier das Grab von Amenophis I. lokalisieren zu können? Der Wis-

senschaftler aus Polen hatte die Felsen systematisch abgesucht und
dabei festgestellt, daß insgesamt acht künstlich angelegte Durchgänge hinter dem Tempel durch Erdbeben im Laufe der Jahrhunderte
freigegeben worden waren. Nach Ansicht von Niwinski stammen
diese Durchgänge von Grabräubern, die sich ihren Weg auf der Suche nach Schätzen durch das Gestein gebahnt hatten. »Aus dem ›Papyrus Abbott‹ wissen wir«, so Niwinski, »daß die Diebe dort bis zum
gewachsenen Fels vorgedrungen waren.« Wie außerdem der Zeitung
»Al-Ahram Weekly« weiter zu entnehmen ist, seien einige der Gänge
sogar versiegelt vorgefunden worden; ein Schacht habe auch in seinem Inneren weitere Wandmalereien enthalten.

Kein Wunder also, daß Andrzej Niwinski sich seiner Sache ziemlich sicher war. »Ich bin überzeugt, daß dort etwas Wichtiges begraben ist«, soll er diesbezüglich gesagt haben. Aber nunmehr war ja
ohnehin alles vorbei. Die SCA-Direktive war Gesetz und somit strin-
gent einzuhalten – die Arbeiten mußten folglich eingestellt werden.
Aber für nicht allzulange Zeit!

Denn ganz offensichtlich war auch den Unbestechlichen des SCA
daran gelegen gewesen, dem Amenophis-Grab (und vor allem seinen
Schätzen) so schnell wie möglich habhaft zu werden. Anders ist es jedenfalls nicht erklärbar, daß Professor Niwinski von der Hawass-Behörde bereits Ende des Jahres 2005 »noch eine letzte Chance« gewährt
bekam.

Der Pole an der »kurzen Leine«

Einzige Auflage war die Begleitung der Arbeiten durch Speziali-
sten der Ain Sahms University in Kairo. Dann setzte in Ägypten
wieder einmal das große Schweigen ein – bis sich im Juli 2006 die
Polnische Akademie der Wissenschaften zu Wort meldete. Reichlich
provokativ und – offenbar ohne Absprache mit Hawass – kündigte
sie in einem offiziellen Statement gar Sensationelles an. Tatsächlich,
so war der Verlautbarung zu entnehmen, stünde Niwinski nun defi-
nitiv vor dem Durchbruch. Im Wege stehe ihm nur noch ein letzter,
gigantisch großer Felsblock, den es in dem Gebirgsmassiv zu entfernen gelte – dahinter ruhe aller Wahrscheinlichkeit nach der Pharao
oder zumindest eine andere historische Persönlichkeit. »Es gibt da

Abbildung 18
Der Tempel der Hatschepsut ist nicht nur von außen ein faszinierendes Bauwerk. In seinem Inneren lassen erstaunlich gut erhaltene Wandmalereien einen Teil der Geschichte des Alten Ägypten lebendig werden.
Bild: Archiv Erich von Däniken

einen Text aus der Anfangszeit der 18. Dynastie, der von gewaltigen
Regengüssen spricht, die ältere Gräber zerstört haben sollen. Nach
dieser Naturkatastrophe entschieden sich die Könige, ihre Grabstät-
ten an höhere gelegene Ort zu verlagern. Das deckt sich mit meiner
Hypothese über eine Gruft oberhalb des Hatschepsut-Tempels«, erklärt Niwinski. Hinzu komme, daß geophysikalische Untersuchungen mittlerweile zwei Hohlräume offenbart haben. »Diese Radar-
anomalien«, fährt Niwinski fort, »decken sich nahezu perfekt mit dem
Verlauf eines potentiellen Grabkorridors.«

Unzählige Tonnen Stein seien dort oben von menschlicher Hand
einst bearbeitet worden, gibt der polnische Wissenschaftler zu bedenken und ergänzt: »Wenn man sich vor 3.000 Jahren derart viel
Arbeit gemacht hat, um die Felswand vor Neugierigen zu kaschie-
ren, dann muß sich etwas sehr Wichtiges dahinter verbergen.« Am
ehesten vermutet Niwinski dort ein königliches Grab, was nichts
anderes bedeuten würde als: die Gruft von Amenophis I.

Die meisten der Steine hätten seine Arbeiter mittlerweile entfernt,
so Niwinski. Dabei handelte es sich ausgerechnet um jene Brocken,
die Zahi Hawass im Jahre 2005 in große Rage gebracht hatten, weil
er durch die Arbeiten – wie zumindest offiziell behauptet – den darunterliegenden Tempel der Hatschepsut gefährdet sah. In Wirklichkeit aber packte der SCA-Direktor die Gelegenheit wohl einfach beim
Schopf, um Niwinski und sein Team an die sprichwörtlich »kurze
Leine« zu nehmen. Ganz so, wie es Hawass in der Vergangenheit
schon mit vielen Archäologen im Tal der Könige getan hat, die unmittelbar vor einer weltbewegenden Entdeckung standen.

Ein Grund mehr für Andrzej Niwinski, noch taktischer vorzuge-
hen als bisher. Schließlich sah sich der Pole Mitte 2006 mit einem
wahrhaft monumentalen Problem konfrontiert, das er nur mit dem
Einverständnis von Hawass lösen konnte: »Der Ort, an dem wir den
Eingang vermuten, befindet sich unmittelbar unter einem kolossalen
hängenden Felsblock, der sich oberhalb des Hatschepsut-Tempels befindet«, erläuterte er. »Diesen Riesenbrocken gilt es zu entfernen –
nicht zuletzt deshalb, weil er das Leben von Tausenden von Touristen
bedroht, die den Tempel jedes Jahr aufsuchen«, so Niwinski. Er habe
die Behörde von Hawass deshalb kontaktiert, um den fraglichen Stein-
block im November 2006 abzutragen, wird Niwinski im offiziellen

Abbildung 19
Die Arbeiten am Hatschepsut-Tempel und den darüberliegenden Felswänden gehen
weiter: Vor allem müssen Gesteinsbrocken entfernt werden, um die Zugänge zu den
dort vermuteten Gräbern freizulegen.
Bild: www.panoptikum.net

Communiqué der Polnischen Akademie der Wissenschaften zitiert. Ein Vorgehen, »woran die Ägypter grundsätzlich interessiert« seien und ein ebenso cleverer wie verzweifelter Schachzug, denn Niwinski setzt damit Zahi Hawass, dem das Wohl des Tourismus' seit jeher ganz besonders am Herzen liegt, in dessen eigenem Land massiv unter Druck. Und dieses Vorgehen eröffnete dem polnischen Archäologen gleichzeitig die verlockende Aussicht, in die Geschichte einzugehen, falls sich hinter dem Gesteinsblock tatsächlich ein Grab verbergen sollte – ohne daß die Ägypter dem Polen sein Entdeckerrecht nachträglich streitig machen könnten, wie sie dies in der Vergangenheit schon mehrfach getan haben.

Herihor statt Amenophis?

Und Andrzej Niwinskis Plan scheint aufzugehen: Wie er Luc Bürgin, dem Chefredakteur des Magazins »mysteries«, im Juli 2007 verriet, konnte der Riesenbrocken wenige Monate zuvor, zwischen Februar und April dieses Jahres, endlich fachgerecht entfernt werden.

»Im Moment liegen dort aber noch etliche kleinere, abgesplitterte Felsfragmente herum. Auch von ihnen geht eine nicht zu unterschätzende Gefahr aus, so lange sie nicht weggeräumt sind«, erklärte der Pole. Im Zuge dieser Aufräumarbeiten, so hofft Niwinski, soll dann auch der Grabeingang zum Vorschein kommen.

Was sich dahinter wohl verbirgt? Amenophis I. kann es nach gängiger Lehrmeinung nicht mehr sein, da dessen Mumie ja bereits in antiken Zeiten umgebettet und im Jahre 1817 entdeckt worden war. Welche Persönlichkeit hatte ihm seinen ursprünglichen Platz in der Felswand über dem Hatschepsut-Tempel also streitig gemacht? Kein geringerer als der sagenumwobene thebanische Hohepriester Herihor, wie Niwinski vermutet.

Der Professor aus Polen hofft nun, von den ägyptischen Behörden möglichst rasch die letzte noch ausstehende Genehmigung für den Abschluß seiner Arbeiten zu erhalten. Wie heiß die Spur von Andrzej Niwinski tatsächlich ist, zeigen übrigens auch neue Laboranalysen der zementartigen Substanz, mit der die Alten Ägypter den vermuteten Geheimgang einst vor der Öffentlichkeit verborgen haben. Wie Niwinski verrät, »haben die Analysen mittlerweile ohne den geringsten Zweifel ergeben, daß die Substanz künstlichen Ursprungs ist«. Und das bedeutet, daß sie einst von Menschen hergestellt worden sein muß.

Abbildung 20
Luc Bürgin, der Chefredakteur des Magazins »mysteries«, hat von dem polnischen Archäologen Andrzej Niwinski erfahren, daß dieser kurz vor der Freilegung eines Grabes über dem Hatschepsut-Tempel steht.
Bild: Luc Bürgin

Fassen wir also wieder zusammen:

1. Eine polnisch-ägyptische Ausgräbermannschaft suchte in
   den Bergen von Deir el-Bahari, unmittelbar an den Hängen und Felswänden über dem bekannten Hatschepsut-
   Tempel, nach dem Grab des Pharaos Amenophis I.
2. Selbst in Fachkreisen ist diese Feldaktivität allerdings so
   gut wie unbekannt.
3. Erst als dem Anschein nach feststeht, daß man fündig
   wird, gibt der ägyptische Kulturminister Farouk Hosni
   (eine wiederum sehr fehlerbehaftete) Pressemitteilung
   heraus, die selbst unter den internationalen Ägyptologen
   für mehr Verwirrung sorgt, als daß sie der Information
   dient.
4. Zunächst verbietet SCA-Direktor Zahi Hawass der
   Niwinski-Gruppe aufgrund einer vermeintlichen Gefahr
   für Mensch und Kulturgut jede weitere Aktivität in den
   Gebirgszügen von Deir el-Bahari.
5. Nach wenigen Monaten ändert das SCA-Komitee mit
   Hawass an der Spitze aber seine Meinung und gestattet
   dem internationalen Team – völlig überraschend – doch
   noch eine Grabungskampagne.

Nach unserer Zusammenfassung müssen wir deshalb erkennen, daß
einmal mehr auch in diesem Fall eine ganze Reihe von Fragen zu stel-
len ist – auch wenn wir bereits wissen, daß es Fragen gibt, »die man
nicht stellt«. Wir erlauben uns, sie dennoch zu stellen. Als da wären:
- Wer genehmigte ursprünglich die Ausgrabungen in den
  Kalkstein-Bergen von Deir el-Bahari?
- Was befindet sich hinter den versiegelten Gängen?
- Wurden außer den Wandmalereien noch weitere Artefakte
  in den Gängen entdeckt und, falls ja, welche?
- Wird beabsichtigt, die Untersuchungen zu einem späteren
  Zeitpunkt mit verfeinerter Technik und Methodik fortzu-
  setzen?
- Warum wurde ein derart großes Gefahrenpotential für
  Mensch und Objekt offenbar wissentlich und damit
  fahrlässig in Kauf genommen?

Abbildung 21
Direkt hinter der Felswand des Hatschepsut-Monuments befindet sich das Tal der
Könige. Gibt es von dort einen Geheimgang zu der weltberühmten Tempelanlage?
Bild: Th. Muschick & S. Baruth (www.isis-und-osiris.de)

Auffällig ist auch, daß bei einer vorgeblich »falschen« Berichterstattung über ägyptologische Funde primär die Medien verantwortlich gemacht werden. Aber: Wer informiert die Presse? In den drei Fällen, um die es bislang in diesem Buch ging, waren dies ausnahmslos behördliche Einrichtungen. Wenn also die Nachrichtenverbreiter *kollektiv* eine unstimmige Meldung in Umlauf bringen, ist daran in erster Linie wohl die Quelle schuld – also die Institution.

Die Presse wird übrigens bis heute für die gruselige Horrorgeschichte vom kontrovers diskutierten »Fluch der Pharaonen« verantwortlich gemacht. Die Wahrheit sieht freilich anders, ganz anders aus. Aber dazu mehr im nächsten Kapitel.

Doch was ist mit Amenophis I.? Ist die ihm zugeschriebene Mumie tatsächlich seine? Oder wurde sie bei der Rettungsaktion durch die rechtschaffenen Priester vertauscht? Solche Fälle sind tatsächlich vorgekommen. Oder wurde die Mumie gar *absichtlich* falsch beschriftet? Wie dem auch sei: Die »Akte Amenophis« ist jedenfalls noch nicht geschlossen.

Post Scriptum

Gab es vor der offiziell genehmigten Suche von Professor Andrzej Niwinski nach Amenophis I. bereits »wilde«, sprich ungenehmigte Versuche, das Grab des Pharaos in den zerklüfteten Felsen von Deir el-Bahari zu eruieren? Im Internet kursieren jedenfalls entsprechende Fotos. Die älteste Aufnahme, die wir finden konnten, stammt bereits aus dem Jahr 2001. Andere, jüngeren Datums, zeigen deutlich Schacht- oder Stolleneingänge. Diese sind zumindest teilweise derart tief, daß Leitern zu ihrer Erkundung eingesetzt werden mußten. Und ein Ägyptenreisender sprach gar von »auffallend regem Treiben« in den Hängen. Sollte es sich hierbei wirklich nur um Steinbrucharbeiten für die Restaurierung am Hatschepsut-Tempel handeln? Vielleicht.

Doch worin hat das gleichermaßen rege wie plötzliche Interesse an den Steilwänden von Deir el-Bahari seinen Ursprung? Wir wissen es nicht, unsere Informanten sind ebenfalls ratlos. Es könnte sich – gerade deshalb – durchaus lohnen, die Ereignisse seit dem Jahrtausendwechsel näher unter die Lupe zu nehmen. Möglicherweise kommt am Ende ein weiterer Skandal ans Tageslicht. Wie bereits angemerkt: Die »Amenophis-Akte« ist noch längst nicht geschlossen.

4. Kapitel

Der Fluch
der Pharaonen

*Von der schaurigen Legende
zum handfesten Skandal*

Das Ostrakon des Todes

Es gibt zwei archäologische Themenbereiche, die seit Jahrzehnten die Gemüter erhitzen. Am meisten kontrovers wird sicherlich die Debatte um die Frage »Waren die Götter Astronauten?« geführt, die von Leuten wie Robert Charroux und Erich von Däniken entfacht worden ist. Wesentlich älter und mindestens genauso polarisierend aber ist die Diskussion über den sogenannten »Fluch der Pharaonen«. Gemeint ist jenes schaurige Phänomen, das Grabräuber, Wissenschaftler und Besucher befallen soll, welche die Gräber von Ägyptens frühen Herrschern plündern, untersuchen oder einfach nur im Rahmen des touristischen Pflichtprogramms abhaken. Krankheit und Tod sollen die Folgen für die Betroffenen sein, wenn der Fluch erst einmal von ihnen Besitz ergriffen hat. Nun, man mag dazu stehen, wie man will. Letztendlich gipfelt die Auseinandersetzung stets in der zentralen Frage, ob der Fluch denn überhaupt Realität ist.

Dazu müssen wir weit zurückgehen in das 20. Jahrhundert, genauer gesagt in die Zeit zwischen 1922 und 1923. Hierbei handelt es sich nicht nur um die Epoche der »Golden Twenties«, es ist auch die Zeit des größten Coups in der Geschichte der Ägyptologie, denn Anfang November 1922 gelingt den Engländern Howard Carter und Lord Carnarvon die Entdeckung der unberührten Syringe von Pharao Tutanchamun (zirka 1334 – 1325 v. Chr.) im Tal der Könige.

Howard Carter ist zunächst allein, als seine Grabungsmannschaft am 4. November 1922 auf die erste Stufe der abwärts in den Fels führenden Treppe stößt. Nachdem er den versiegelten Eingang entdeckt hat, läßt er sofort alles wieder zuschütten und kabelt an seinen Mäzen Carnarvon: »Habe endlich wunderbare Entdeckung im ›Tal‹ gemacht; ein großartiges Grab mit unbeschädigten Siegeln; bis zu Ihrer Ankunft alles wieder zugedeckt. Gratuliere.« George Edward Stanhope Molyneux Herbert, 5th Earl of Carnarvon telegraphierte zurück: »Denke, am 20. in Alexandrien einzutreffen.« Seine Lordschaft begann umgehend mit den Reisevorbereitungen.

Zu denen, so wird ohne Quellenangabe kolportiert, soll auch die Kontaktierung mehrerer Wahrsager gehört haben. Sie sollen dem Lord unisono davon abgeraten haben, an der eigentlichen Graböffnung teilzunehmen. Doch Carnarvons Neugier obsiegte. Gemeinsam

mit Howard Carter öffnete er am 26. November 1922 das tatsächlich unberührte Grab. »In der Stunde«, heißt es in der Fluchlegende,
»in der das Siegel des Grabes gebrochen wurde, tötete eine Schlange
den Wellensittich in Carters Haus. Die Schlange galt als Beschützer
des Pharaos.« Ein Vogel – der das Grab nie gesehen hat – war demnach also das erste Opfer des Fluchs ...

Abbildung 22
Ein Bild aus unbeschwerten Tagen: Lord Carnarvon bei der Lektüre. Wenige Monate
nach der Entdeckung des Tutanachamun-Grabes verstarb der adelige Brite an den
Folgen eines Insektenstiches.
Bild: bpk

So belustigend das klingen mag, damit hört der Spaß auch schon
auf, denn unter den Wissenschaftlern hatte sich eine »zunehmende
Nervosität« breitgemacht, wie der Autor Philipp Vandenberg in sei-
nem Buch »Der Fluch der Pharaonen« schreibt. Er fährt fort: »Der
Grund war ein eher unscheinbares Ostrakon, ein Tontäfelchen, das
Carter in der Vorkammer gefunden hatte. Mit der Übersetzung der
Inschrift soll der Amateurarchäologe keinen geringeren als Sir Alan
Gardiner betraut haben. Sir Alan war zweifellos einer der versierte-
sten Kenner der altägyptischen Hieroglyphenschrift seiner Zeit. Mit

großem Eifer machte er sich an die noch jungfräuliche Arbeit; und da der Text sehr kurz und gut lesbar war, nahm die Transkription nicht allzu lange Zeit in Anspruch. Doch das, was Gardiner auch nach nochmaliger Verifikation zu lesen bekam, mißfiel ihm ebenso wie dem gesamten Grabungsteam.

>*Der Tod wird den mit seinen*
>*Schwingen erschlagen, der die*
>*Ruhe des Pharaos stört.*«

Schon weit weniger häufig wird ein zweiter Fluch angeführt, der sich »auf der Rückseite einer magischen Figur« aus Tutanchamuns Grab befinden soll.

>*Ich bin es, der den Grabräuber*
>*zurückweist mit der Flamme der*
>*Wüste. Ich bin es, der das Grab*
>*des Tutanchamun schützt.*«

Und der Fluch gab sich schon alsbald nicht mehr mit einem Wellensittich zufrieden. Im Gegenteil: Er ereilte gleich einen der beiden Ruhestörer – den Earl of Carnarvon.

Der genaue Tag läßt sich nicht mehr feststellen, aber es muß Mitte März des Jahres 1923 gewesen sein, als der Financier des »Unternehmens Tutanchamun« von einem Moskito gestochen wurde. Die Wunde entzündete sich, nachdem Carnarvon die Einstichstelle mit der Klinge seines Rasiermessers aufgeschnitten hatte. Zusehends ging es seiner Lordschaft danach gesundheitlich immer schlechter. Anfang April näherte sich der Todeskampf des gerade mal 57jährigen Adeligen in Kairo seinem Ende. Lady Burghclere, die Schwester von Lord Carnarvon, schreibt in ihren Memoiren:»Seine letzten Worte waren: ›Ich habe seinen Ruf vernommen, ich folge ihm.‹« Wessen Ruf hatte der Earl vernommen? Wir werden es nie erfahren. Am 6. April 1923 schied er aus dem Leben.

Zeitgleich kam es in Kairo zu einem flächendeckenden Stromausfall. Drei Minuten später war der Spuk vorüber. Die Ursache für die Stromunterbrechung wurde nie gefunden. Ebenfalls zum Zeitpunkt des Todes des Grafen kam es auf dem Stammsitz derer von Carnarvon, Schloß Highclere in England, zu einem schaurigen Ereignis. Die

Foxterrierhündin des Grafen fing laut an zu jaulen und hörte damit erst auf, als sie tot umfiel. Das war der Auftakt zu einer beispiellosen Unglücks- und Todesserie. Immerhin zwei weitere Personen, die mit der Tutanchamun-Grabung in Zusammenhang standen, hauchten noch im selben Jahr wie der Lord ihr Leben aus.

- Der erste war Arthur Mace, gewissermaßen Howard Carters »archäologischer Sekretär« in dessen Bergungsmannschaft. Kaum war der Lord unter die Erde gebracht, klagte Mace zunehmend über Beschwerden. Schließlich fiel er in Ohnmacht und verschied – wie Lord Carnarvon in Kairo und wie Lord Carnarvon im Hotel »Intercontinental«.

- George Jay-Gould, ein Milliardär aus den Vereinigten Staaten und guter Freund von Lord Carnarvon, war im Zusammenhang mit dessen Tod bis nach Theben gereist, wo er auf der West-Bank an der Seite von Howard Carter das Grab Tutanchamuns besichtigte. Am Morgen des nächsten Tages klagte Jay-Gould (wie zeitweise auch sein Freund, der Earl) über starkes Fieber. Die Nacht dieses Tages erlebte Jay-Gould bereits nicht mehr.

Und in dieser Art und Weise sollte es weitergehen. Während Howard Carter Artefakt um Artefakt aus der Felsengruft zutage förderte, stieg im gleichen Zeitraum auch die Zahl der Personen, die ihre wie auch immer geartete Beschäftigung mit Tutanchamun teuer bezahlen mußten – nämlich mit dem Leben.

Tatort Tal der Könige: Das Grauen geht um

Das belegt ein Blick auf die »Liste des Todes«:
- Joel Woolf, gleichfalls ein enger Freund der Familie Carnarvon, ertrank, als er auf dem Weg nach Luxor von Bord seiner Yacht in den Nil stürzte.
- Sir Archibald Douglas Reid, seines Zeichens Röntgenologe, starb 1924 an einer ungeklärten Erkrankung. Erst kurz zuvor hatte er eine Vereinbarung mit dem ägyptischen Antikendienst getroffen, die es ihm erlaubte, die Mumie Tutanchamuns zu durchleuchten.

Abbildung 23
Howard Carter bei der Untersuchung des Sarkophags von Tutanchamun: Trotz der
Nähe zu dem verstorbenen Pharao wurde ausgerechnet er kein Opfer des »Fluches«.
Bild: bpk

- Noch im selben Jahr nahm sich der bekannte Ägyptologe
  H. G. Evelyn White das Leben, unmittelbar nachdem er
  von einer Ägyptenreise zurückgekehrt war, bei der er auf
  eine Reihe unbekannter alter Texte gestoßen war.
- Die nächsten beiden Toten waren Franzosen: Zuerst ver-
  starb Georges Bénédite, der Direktor der Louvre-Samm-
  lung ägyptischer Altertümer in Paris; danach ereilte M.
  Casanova vom Collège de France der Tod. Beide hatten
  Grabungen im Tal der Könige vorgenommen.
- Und in der französischen Hauptstadt verstarb ferner Leon
  Bakst noch am gleichen Abend, an dem der Modeschöpfer
  seine »Isis-Collection« der Öffentlichkeit vorgestellt hatte.

Allmählich nahm die Verunsicherung zu. Gab es den Fluch tatsächlich? Die Zahl derer, die dies mutmaßten, stieg täglich. Kein Wunder,
denn der Horror nahm kein Ende. Und wieder traf er den Carnarvon-
Clan.

- Der Stiefbruder Lord Carnarvons, Colonel Aubrey Herbert, der bei der Öffnung von Tutanchamuns Sarg im Grab anwesend war, starb »in einem Anfall geistiger Umnachtung«, wie der Fluch-Chronist Arnold C. Brackman in seinem Buch »Sie fanden den goldenen Gott« schreibt.
- Dann wurde Lady Carnarvon dahingerafft. Das Unheimliche daran: Wie der Lord so starb auch sie an einem Insektenstich.
- Neuerlich Selbstmord wurde bei Evelyn Greely festgestellt. Die Amerikanerin hatte kurz zuvor das Grab Tutanchamuns besucht. Brackman schreibt dazu: »1929 hatte sich die Legende vom Fluch des Pharao so festgesetzt, daß sie fast als Tatsache hingenommen wurde.« Das kann nicht verwundern, denn der Fluch setzte sein tödliches Treiben unerbittlich fort – und das gleich im Doppelpack!
- Richard Bethell war zeitweise Howard Carters Sekretär im Tal der Könige. Man fand ihn eines Morgens zusammengesunken auf einem Stuhl im exklusiven Mayfair-Club – tot. Woran Bethell gestorben war, ließ sich nicht ermitteln. Die Umstände sind bis auf den heutigen Tag ungeklärt.
- Lord Westbury, Bethells Vater, nimmt sich, nachdem er die Nachricht vom Ableben seines Sohnes erhalten hatte, selbst das Leben. Er springt vom siebten Stock eines Hauses in die Tiefe. Doch damit nicht genug: Auf seinem letzten Weg überfährt der Leichenwagen mit den sterblichen Überresten von Lord Westbury einen achtjährigen Jungen. Und angeblich exakt zur gleichen Stunde verstarb auch noch Edgar Steele in London auf dem Operationstisch. Steele war bis zu diesem Tag Kustos der Ägyptenabteilung des Britischen Museums in London.

»Panik machte sich breit …«, beschreibt Philipp Vandenberg die damalige Stimmung. Und tatsächlich wollte der Horror kein Ende nehmen. Denn die »Liste des Todes« wurde immer länger. Auch Sir Alan Gardiner, der die philologische Bearbeitung des Fluch-Ostrakons vorgenommen hatte, zählte zu den Opfern. Im Jahre 1934 ereilte Albert Lythgoe ebenfalls das Schicksal. Lythgoe war sowohl mit

Lord Carnarvon als auch mit Howard Carter befreundet. Der ehemalige Leiter der Ägyptenabteilung des New Yorker Metropolitan Museums starb an einer undiagnostizierten Erkrankung. Lythgoe gehörte einst zum Kreis jener Auserwählten, die bei der offiziellen Öffnung des Grabes des Pharaos Tutanchamun anwesend sein durften. Um seinen Tod ranken sich die unterschiedlichsten Gerüchte. Das Ägyptologen-Sterben setzte sich aber weiter unvermindert fort. Ebenfalls 1934 folgte Arthur Weigall, der selbst im Tal der Könige gegraben hatte und dessen Karriere als Direktor der ägyptischen Altertümerverwaltung endete.

Jedes neue »Fluch-Opfer« wurde mit immer noch fetteren Schlagzeilen bedacht.

Hysterie in England

Die Schlagzeilen lösten eine wahre Hysterie in England aus. Sammler altägyptischer Artefakte bekamen panische Angst vor dem Fluch.

Dabei ließe sich die Liste noch erheblich erweitern. Lediglich ein Name fehlt: Es ist der Name jenes Mannes, den man mindestens für die »Nummer 2« unter den potentiellen »Fluch-Opfern« halten müßte – Howard Carter. Ausgerechnet der Mann, der die meiste Zeit im Grab Tutanchamuns verbrachte, sollte dem pharaonischen Racheakt entgehen. Der Engländer verstarb erst 1939 in London – immerhin 17 Jahre, nachdem er Tutanchamun entdeckt hatte. Dennoch fragt Philipp Vandenberg, ob »diese massiert

Abbildung 24
Philipp Vandenberg beschäftigte sich in seinem Buch »Der Fluch der Pharaonen« als einer der ersten mit diesem Phänomen und landete damit vor fast 35 Jahren einen internationalen Erfolg.
Bild: Verlagsgruppe Lübbe

auftretenden Todesfälle, deren Authentizität niemand bezweifelt, wirklich nur purer Zufall« sind.

Wenn es nach der Ägyptologie geht, ist jedenfalls an der ganzen Gruselgeschichte kein Wort wahr. Zu diesem Ergebnis kam neben anderen der deutsche Ägyptologe Professor Georg Steindorff von der Universität Leipzig. In einer heute (angeblich) unauffindbaren Monographie soll der Institutsleiter untersucht haben, ob die verbreiteten Meldungen mit den Tatsachen übereinstimmen. Einige dieser Fälle erwähnt der Autor C. W. Ceram in seinem Welterfolg »Götter, Gräber und Gelehrte«. Demnach recherchierte Steindorff, um lediglich ein Beispiel herauszugreifen, »daß die beiden Westbury [siehe oben, *Anm. d. Verf.*] nicht das geringste, weder direkt noch indirekt, mit dem Grab, mit der Ausräumung, mit der Mumie zu tun gehabt haben«. Steindorff kam demzufolge zu der Schlußfolgerung, daß es einen »Fluch der Pharaonen« nicht gibt. In dasselbe Horn stieß Professor Jean Capart vom Königlichen Museum in Brüssel, der die Legende vom Fluch gleichfalls für absolut »lächerlich« hält.

Das Problem bei der Sache war nur, daß sich Tutanchamuns Fluch auch nach Beendigung der Pretiosen-Bergung nicht daran hielt, nicht zu existieren. Er schlug wieder zu – und wieder und wieder.

• Zum Beispiel bei Zakaria Goneim. Der beliebte Ägyptologe fand die unvollendete Pyramide des Königs Sechem-chet (zirka 2649 – 2643 v. Chr.). In der Sargkammer stand ein Alabaster-Sarkophag – ungeöffnet. Doch Goneims Hoffnungen gerieten zu seiner größten Blamage: Aus unerfindlichen Gründen war der Sarkophag leer. Diesen Schicksalsschlag hat der glücklose Ausgräber nie verwunden. 1959, im Alter von nur 49 Jahren, beging Goneim Selbstmord im Nil.

• Für große Lettern auf den Titelseiten der Gazetten sorgte auch die Nachricht vom Ableben des Walter Bryan Emery. Der Engländer suchte auf dem Gräberfeld von Sakkara nach Imhotep, dem »Leonardo da Vinci« des Alten Ägypten. Den weisen Mann fand Emery leider nicht – dafür aber den Tod. Am 11. März 1971, so ist zu lesen, verstarb Emery, als er glaubte, kurz vor der Entdeckung der Imhotep-Gruft zu stehen.

Doch beide Ereignisse wurden noch in den Schatten gestellt. Für den englischen Fernsehfilm »Der Fluch des Pharao« war der männliche Star, Ian McShane, auf dem Weg zu den Dreharbeiten im Tal der Könige, als es geschah. »Plötzlich wurde mein Auto auf unerklärliche Weise gegen eine steil abfallende Schlucht gedrängt«, erzählte er später in Interviews. McShane brach sich ein Bein, als er sich durch einen beherzten Sprung aus dem Autofenster buchstäblich in letzter Sekunde in Sicherheit brachte. Aufgrund seiner Verletzung mußte er aber mit großem Bedauern seine Rolle abgeben. Ian McShane faßte sein Erlebnis als Warnung auf. Er verhielt sich entsprechend – und verließ den Drehort. Nur wenig später tat es ihm seine Filmpartnerin, die bekannte englische Schauspielerin Joan Collins, gleich. Bereits nach den Erzählungen von McShane war die Diva merklich geschockt. Als sie dann auch noch beobachtete, wie Mitglieder der Filmcrew auf unerklärliche Weise erkrankten, gab sie ihre Rolle gleichfalls dankend zurück. Zur Begründung sagte sie lediglich einen Satz: »Mit so einem Fluch ist nicht zu spaßen!«

Offensichtlich nicht – vorausgesetzt er existiert. Angesichts der zahlreichen Todesfälle schien das in der Tat außer Frage zu stehen – bis zum Jahr 1984. Dann glaubten polnische Wissenschaftler dem Fluch der Pharaonen auf die Spur gekommen zu sein. Als Wurzel allen Übels wurde ein Schimmelpilz ausgemacht: Aspergillus flavus.

Abbildung 25
Der Legende nach machten sie ihre Sache vorzüglich: eine der Wächterstatuen in Tutanchamuns Grab, die den Pharao vor der Störung der Totenruhe bewahren sollten.
Bild: The Egypt Archive

Des Rätsels Lösung

Doch wollen wir den Ereignissen nicht vorgreifen: Alles begann elf Jahre zuvor, am Freitag, 13. April 1973, mit einer Untersuchung von zwei Leichnamen, die in der Königsgruft von Schloß Wawel in Krakau (Polen) zur letzten Ruhe gebettet worden waren. Die Inaugenscheinnahme der Toten durch zwölf Wissenschaftler und Priester verlief ohne außergewöhnliche Vorkommnisse. Kurz danach setzte jedoch eine Sterbewelle unter den Teilnehmern ein. Bis zum Herbst 1974 drang davon – wie könnte es auch anders sein – kein Wort nach außen. Dann kam die Gruselstory dem Journalisten Zbigniew Swiech zu Ohren. Der recherchierte und fand die Gerüchte – leider – bestätigt. Ein Drittel der Teilnehmer an der Untersuchung der Leichname war unter teilweise ungeklärten Umständen schon relativ kurze Zeit nach der Besichtigung verstorben. Aber auch in der Folgezeit kamen weitere Personen zu Tode, die zur Untersuchung der Gruft eingeladen worden waren.

Der Journalist Swiech wandte sich schließlich an Professor Boleslaw Smyk, von dem er wußte, daß er das Mausoleum auf mikrobiologische Prozesse hin untersucht hatte. Wie sich letztlich herausstellte, waren von der ursprünglichen Untersuchungskommission nur noch Smyk und sein wissenschaftlicher Mitarbeiter Dr. Edward Roszyckim am Leben. Letzterer wollte freilich nichts mehr mit der Ursachenforschung des Horror-Phänomens zu tun haben.

Dafür wurde Smyk fündig: Er entnahm an verschiedenen Stellen Materialproben aus dem Königsgrab und untersuchte sie der Reihe nach. Ein Ergebnis der Analyse war überraschend: Zu den isolierten Pilzen gehörte auch jener der Gattung Aspergillus flavus. Sein besonderes Merkmal: Er ist hochtoxisch!

Doch bildete dieser Pilz auch die Grundlage, gewissermaßen den tödlichen Nährboden für den Fluch der Pharaonen? Der polnische Professor wollte es genau wissen und wandte sich an französische Kollegen. Sie hatten dazu beigetragen, die arg angegriffene Mumie von Ramses II. (zirka 1279 – 1212 v. Chr.) vor dem Zerfall zu bewahren. Auch die Franzosen ermittelten Pilzbefall. Damit schien klar: Aspergillus flavus ist die Ursache für den Fluch der Pharaonen. Die Ägyptologie jubelte – schließlich hatte man es ja schon immer gewußt! Wie konnte man jemals den Fluch-Humbug auch nur annähernd in Betracht ziehen?

Doch bei einem genaueren Vergleich der Todesfälle durch den angeblichen Fluch vom Tal der Könige mit den Todesfällen von Krakau kamen doch erhebliche Zweifel an der Vergleichbarkeit auf. Die Todesraten standen in keinem adäquaten Verhältnis zueinander. So waren in Polen von den zwölf Teilnehmern an der Untersuchung binnen eines guten Jahrzehnts zehn verstorben. Das entspricht einer Rate von 83 Prozent – dagegen nimmt sich die Zahl der »Fluch-Opfer« von Ägypten geradezu »bescheiden« aus. Besonders dann, wenn man die Anzahl der Toten mit der Summe der Besucher vergleicht. »Bis 1935«, gibt Arnold C. Brackman diesbezüglich an, »war die Zahl der ›Opfer‹, die Carters Entdeckung zugeschrieben worden war, auf einundzwanzig angestiegen.« Bis 1929 waren sogar nur elf Opfer registriert worden. Geht man nunmehr vom Zeitpunkt der Entdeckung des Tutanchamun-Grabes im Jahre 1922 aus, so bleibt im einen Fall eine Todesrate von 1,57 Personen pro Jahr. Auch wenn man die Opferzahl bis 1935 als Maßstab heranzieht, erhöht sich die jährliche Todesquote derjenigen, die vom vermeintlichen Pharaonen-Fluch dahingerafft worden waren, mit einem Wert von 1,61 nicht sonderlich dramatisch. Und wenn man dann noch weiß, daß allein in den ersten drei Monaten des Jahres 1926 nicht weniger als 12.000 Touristen das Grab besuchten, wird wohl auch dem letzten Anhänger der Fluch-Theorie deutlich, wie hanebüchen die ganze Diskussion ist.

Allerdings: Die Ägyptologie verfährt auch in diesem Fall wieder nach altbewährtem Strickmuster: Schuld an der ganzen Diskussion, die viele Menschen verunsicherte und verängstigte, sind nur die Schlagzeilen der Sensationspresse. Man habe stets darauf hingewiesen, so der weltweit übereinstimmende Reflex der Zunft, daß der Pharaonen-Fluch ein reines Hirngespinst sei. In der Tat kann man der Ägyptologie wahrlich keineswegs vorwerfen, sie habe sich dem unangenehmen Thema nicht gestellt. Diesbezügliche Stellungnahmen und Untersuchungen gibt es zuhauf. Erinnert sei hier noch einmal an die verschollene Monographie von Professor Georg Steindorff aus Leipzig. Besonders hervor tat sich auch Herbert Winlock vom Metropolitan Museum in New York. Auch er kam zu dem Schluß: »Der Fluch ist ein Aberglaube; er entbehrt jeder Grundlage.«

Abbildung 26
Der wohl berühmteste Archäologe aller
Zeiten: Howard Carter öffnete am 26.
November 1922 das noch völlig un-
versehrte Grab von Tutanchamun.
Bild: Universität Bonn

Eine der letzten Studien über den Fluch, erschienen im »British Medical Journal«, Band 325, fand heraus: Die Ausgräber direkt in der Grabkammer Tutanchamuns erreichten ein Durchschnittsalter von 70 Jahren. Alle anderen, die dort nicht so intensiv und ausdauernd gearbeitet hatten, brachten es auf 75 Lebensjahre – und das im ersten Drittel des 20. Jahrhunderts, als von moderner Medizin im heutigen Sinne wahrlich noch nicht die Rede sein konnte.

Allerdings – und darauf macht heute kaum ein Ägyptologe aufmerksam – gab es im eigenen Lager auch gegenteilige Stimmen.

Der Skandal

Jawohl, es gab Experten, die dem Pharaonen-Fluch einen gewissen Wahrheitsgehalt zugestanden. Der vielleicht bekannteste Vertreter dieser Linie ist der französische Ägyptologe J. S. Mardrus. Er hielt sogar Pressekonferenzen ab und war für die Medien so etwas wie der »Pro« zu sämtlichen »Contras«. Allein schon dieser Umstand ließ die Presse der Meinung von Mardrus viel Platz einräumen. Der Franzose betonte unabläßlich: »Das ist kein kindischer Aberglaube, den man mit einem Schulterzucken abtun kann.«

Aber allzu ernst sollte man den Pharaonen-Fluch dennoch nicht nehmen.

Und damit sind wir an dem Punkt angekommen, wo aus unserer Gruselstory à la Hollywood ein ernstzunehmender Skandal wird. Mehr noch: Es ist vielleicht die größte Täuschungsaktion der noch recht jungen Fachdisziplin der Ägyptologie. Denn es wird immer wieder behauptet, der Fluch sei in erster Linie eine von der Presse hochgepuschte Geschichte. Das ist falsch und unwahr, wird aber immer wieder so dargestellt.

Hierbei handelt es sich um die gleiche Methode, wie wir sie in den ersten Kapiteln bereits kennengelernt haben. Die Schuld für unrichtige, lückenhafte oder verfälschende Berichterstattung wird von den Altertumsforschern an die Medien weitergereicht, die dann den »Schwarzen Peter« in Händen halten. Doch beim Fluch der Pharaonen greift diese Strategie nicht. Es steht vielmehr fest: Der Fluch Tutanchamuns wurde von Arthur Weigall »ins Leben gerufen«. Weigall erreichte höchste wissenschaftliche Weihen. So brachte er es in seiner Laufbahn bis zum SCA-Direktor von Oberägypten. Damit war er die »Nummer 2« der ägyptischen Antikenverwaltung. Doch was hatte Weigall mit dem Fluch zu tun? Nach Informationen der Verfasser war er es, der die Mär vom Fluch ins Leben rief, um die nicht enden wollenden Touristenschwärme vom Besuch des Tutanchamun-Grabes abzuhalten, zugleich aber auch, um die Presse »abzulenken«. Die hatten nämlich Howard Carter und Lord Carnarvon geschlossen gegen sich aufgebracht. Ursache hierfür war das instinktlose Vorgehen der beiden Entdecker. Sie schlossen, um endlich Ruhe vor dem Medienrummel zu bekommen, einen Exklusivvertrag mit der Londoner Tageszeitung »The Times«. Kein Wunder, daß ihnen dieser Schritt von den anderen Presseorganen verübelt wurde. Arthur Weigall wollte diesen Konflikt »entschärfen«. Er versorgte deshalb die Medien geschickt mit Halbwahrheiten, die sich gut in einer sensationslüsternen Fluch-Geschichte darstellen ließen.

Daß Weigall der Initiator des Tutanchamun-Fluches ist, ist, so unglaublich das klingen mag, in Fachkreisen wohlbekannt. Doch wurde es stets »unter der Decke gehalten«. Das ist verständlich. Welche Redaktion wäre schon erfreut, wenn sie feststellen müßte, daß sie gezielt mit fingierten Informationen versorgt worden war. Allerdings sei an dieser Stelle nicht minder deutlich herausgestellt, daß es umgekehrt auch die Ägyptologen selbst gewesen waren, die diesen Skandal öffentlich machten. Zu ihnen zählt der bereits erwähnte Nicholas Reeves. Er bestätigte sogar schriftlich: »›Pharaos Fluch‹ ist eine journalistische Erfindung des Ägyptologen Arthur Weigall.«

Abbildung 27
Der »Vater des Fluchs«: Arthur Weigall (links), hier auf einem zeitgenössischen Foto mit dem damaligen ägyptischen Provinz-Gouverneur vor dem Grab Tutanchamuns, hat die Geschichte vom vermeintlichen Fluch der Pharaonen erfunden, um die Presse bei Laune zu halten.
Bild: Archiv Gavin

Verwerflich bliebe Weigalls Tun dennoch. Immerhin, so hat es den Anschein, nahm er wissentlich in Kauf, daß er mit seinem Handeln auch die Öffentlichkeit genarrt und weniger robuste Gemüter vielleicht sogar in Angst und Schrecken versetzt hat. Weigalls Tun wäre demnach – gelinde gesagt – gezielter Informationsbetrug. Hatte er dabei Helfer? Gab es Mitwisser? Die Verfasser haben dazu einige Gerüchte vernommen, konnten sie aber in keinem einzigen Fall bestätigt finden. Ohne Verifikation halten wir es jedoch für angezigt, diese Personen ungenannt zu lassen. Gerüchte sind beim Fluch der Pharaonen nun wahrlich schon mehr als genug eingestreut.

Auch die obige Schilderung von Weigalls Motivation ist nicht gesichert. Die Verfasser haben sie jedoch aus zwei unterschiedlichen Quellen in England und Deutschland erhalten.

T. G. H. James, ehemaliger Ägyptologe des Londoner British Museum, hat sich in seinem Buch »Howard Carter, The Path to Tutankhamun« ebenfalls in einer kurzen Bemerkung zu Weigall und dem Fluch geäußert. Darin bestätigt er Weigalls »Urheberschaft«, sieht darin jedoch keine gezielte Aktion. Er meint vielmehr: »Der Ursprung des Fluchs mag auf eine beiläufig gemachte Äußerung von Arthur Weigall zurückzuführen sein, als er verärgert war …« Demnach hätte zwar

Abbildung 28
Weltberühmt und garantiert »fluchfrei«:
die Totenmaske von Tutanchamun.
Bild: Tatjana Ingold

Weigall tatsächlich die Fluch-Berichterstattung losgetreten, ein gezielter Akt wäre demnach aber nicht zwingend zu unterstellen.

Soviel jedenfalls scheint sicher: Der Anstoß zu der ganzen reißerischen Berichterstattung über den Fluch des Tutanchamun scheint nach heutigem Kenntnisstand von der Ägyptologie auszugehen. Daran ändern auch Studien nichts, die selbstverständlich den eigenen Reihen entstammen und die genauso selbstverständlich das Gegenteil belegen sollen. Jüngstes Beispiel hierfür ist die Studie des englischen Ägyptologen Dominic Montserrat. Sein Fazit: Die Fluch-Legende entstand in einer Art »Striptease-Show« am Picadilly Circus in London. Die 25jährige Jane Loudon Webb soll demnach während einer dieser Entblätterungsdarbietungen, bei der eine Dame aus Mumienbinden ausgewickelt wurde, zu ihrem Roman »The Mummy« angeregt worden sein. Vor dem Jahr 1821 hat es laut Montserrat keine Fluch-Erwähnung gegeben. Dies sei quasi die Wurzel allen Übels.

Aber selbst wenn das zuträfe, schließt das die ägyptologische Urheberschaft der Fluch-Legende nicht aus. Denn: Welcher Journalist wußte 1923 schon etwas von einem rund hundert Jahre älteren Science-Fiction-Werk, in dem erstmalig eine reanimierte Mumie eine Rolle gespielt hat?

Abbildung 29
Die Büste des kindlichen Tut-
anchamun: Wirkt sein Fluch bis
in unsere Tage?
Bild: The Egypt Archive

Zahi Hawass:
Der Fluch lebt!

Und falls es noch eines weiteren Belegs bedürfen sollte, so hat ihn vor nicht allzulanger Zeit SCA-Direktor Zahi Hawass geliefert. Bereits zu Beginn des Jahres 2005 ließ Ägyptens Chef-Archäologe in einem mobilen Computertomographen die Mumie des Tutanchamun neu untersuchen. Als die Untersuchungen beginnen sollten, brauste ein Sandsturm heran – und später regnete es im Tal der Könige in Strömen, wodurch sich die Untersuchungen weiter verzögerten. Dazu sagte Zahi Hawass in einer Nachrichtensendung des deutschen Fernsehens: »Das ist der Fluch des Pharao.«

Ein Anruf genügte, um zu erfahren: Der heftige Sandsturm war ein laues Lüftchen, und die vom Himmel prasselnden Wassermassen waren in Wahrheit kaum ein paar Tropfen, die der Rede nicht wert waren. Beide Informationen stammten aus dem Bekanntenkreis von Leuten, die just zu diesem Zeitpunkt einige Tage auf der West-Bank Thebens verbrachten.

Eines aber hatte Hawass mit seiner Bemerkung erreicht: Er bekam genausoviel Platz eingeräumt in der Berichterstattung der Medien wie seine Vorgänger in den 1920er und 1930er Jahren.

Selbstverständlich können wir hier längst nicht alle Aspekte der Kontroverse um den Fluch des Tutanchamun oder der Pharaonen darstellen. Dazu würde der Umfang dieses Buches nicht annähernd ausreichen. Eines aber wurde versucht zu verdeutlichen: Die Ägyptologie hat mindestens soviel Anteil an der sensationslüsternen Berichterstattung über den Pharaonenfluch wie sie den Medien selbst gerne in die Schuhe schieben will.

Und wenn sogar SCA-Chef Hawass im 21. Jahrhundert dem Fluch noch das Wort redet, braucht man sich über die Reaktion der Öffentlichkeit nicht zu wundern. Es besteht jedenfalls absolut kein Grund dazu, geringschätzig über jene Zeitgenossen den Stab zu brechen, die sich besorgt über den Fluch und seine möglichen Auswirkungen gezeigt haben. Wenn also mehr Seriosität in der Fluch-Berichterstattung seitens der Wissenschaft gefordert wird, so sollte sie selbst zuerst einmal mit gutem Beispiel vorangehen.

Post Scriptum

W ie eingangs des Kapitels festgestellt, war der Legende nach der Wellensittich von Howard Carter das erste Opfer des Pharaonen-Fluchs. Er soll von einer zwei Meter langen Kobra, einem Machtsymbol der altägyptischen Herrscher, getötet worden sein, die aus dem Grab herausgeschlängelt kam. Dies wiederum sollen die Einheimischen als böses Omen für den Verlauf der Ausgrabung gewertet haben.

Wahr ist an dieser Erzählung lediglich, daß Carter sich in Kairo einen Wellensittich gekauft hatte. Alles andere sind »Zutaten« von Arthur Weigall. Die Schilderung dieses »Vorfalls« ist nämlich die erste seiner erfundenen Fluch-Geschichten.

Tatsächlich überlebte der Vogel die Zeit bei Carter völlig unbeschadet. Der Tutanchamun-Entdecker schenkte das Tier zu einem späteren Zeitpunkt einer Freundin namens Minnie Burton, die ihn wiederum ebenso wohlbehalten einem Bankmanager überließ.

5. Kapitel

Die halbierte Cheops-Pyramide

Eine »Chronique de Blamage« der Pyramidenforschung

Immer Ärger mit Herodot

D a steht sie. Formvollendet – schlicht eine Schönheit. Und erst diese Maße! Unübertroffen, traumhaft. Die Rede ist natürlich von der Cheops-Pyramide. Das letzte erhaltene Weltwunder der Antike steht auf dem Felsplateau von Gizeh. Früher kam dann immer noch der Zusatz »… bei Kairo«. Heute muß man sagen: »… in Kairo.« Die Metropole umschließt mit rasantem Tempo und unaufhaltsam dieses einmalige Monument des Altertums.

Und seien wir ehrlich: Keiner weiß eigentlich so recht, wie die Pyramide überhaupt dorthin gekommen ist, wo sie heute steht.

Aber das ist so natürlich nicht richtig. Die Ägyptologen wissen selbstverständlich ganz genau, wie die Alten Ägypter es fertiggebracht haben, dieses Monument der Ewigkeit zu errichten. Das behaupten die Experten jedenfalls in Vorträgen und schreiben es auch in dicken Büchern.

Der Laie applaudiert – oder er wundert sich. Denn das, was er beim Vortrag irgendeines Professors vernommen hat, stimmt so gar nicht überein mit dem, was er in dem Buch eines anderen Gelehrten gelesen hat.

Abbildung 30
Ein Monument einzigartiger Schönheit: Nur wie und in welchem
Zeitraum die Cheops-Pyramide erbaut wurde, weiß bis heute keiner
mit letzter Gewißheit zu sagen.
Bild: Tatjana Ingold

Leider ist das der Normalfall. Gerade die Frage nach der Bauzeit und den technischen Möglichkeiten zur Errichtung der Cheops-Pyramide sind ein Paradebeispiel dafür, wie oberflächlich und inkonsequent teilweise ägyptologische Theorien entwickelt werden. Dabei war früher, in der guten alten Zeit der Ägyptologie, als blutige Laien sich noch nicht erdreisteten, Zweifel an den Ausführungen der Experten anzumelden, alles so herrlich einfach. Die Frage nach der Bauzeit für das Weltwunder in Stein und den dafür erforderlichen Arbeitskräften wurde von den Fachleuten gerne beantwortet. »Herodot«, lautete die Auskunft knapp. Gemeint war damit der griechische Historiker Herodot (zirka 485 – 425 v. Chr.), der auch als »Vater der Geschichtsschreibung« bezeichnet wird. Der wissensdurstige Mann unternahm ausgedehnte Studienreisen – unter anderem auch nach »Kemet«, das »Schwarze Land«, wie die Ägypter selbst ihr Reich nannten.

Im Nilland ließ sich Herodot von den ägyptischen Priestern erzählen, wie das vonstatten ging mit dem Pyramidenbau, damals, vor 2.000 Jahren, denn so lange stand die Pyramide bereits auf dem Plateau, als der Grieche den Ausführungen der ägyptischen Geistlichkeit aufmerksam lauschte. Was er erfuhr, hielt Herodot gewissenhaft im zweiten Band seiner »Historien« fest. Demnach mühten sich 100.000 Arbeiter rund zwanzig Jahre lang mit der Errichtung der »Großen Pyramide« ab.

Und seither war die ganze Angelegenheit für die Fachwelt erledigt. So schrieb der angesehene britische Ägyptologe James Henry Breasted 1910 in seiner »Geschichte Ägyptens«: »Herodot berichtet eine zu seiner Zeit geläufige Überlieferung, nach welcher der Bau der Pyramide zwanzig Jahre hindurch die Arbeit von 100.000 Menschen gefordert habe, und«, so Breasted bekräftigend weiter, »Petrie [ebenfalls ein Ausgräber, *Anm. d. Verf.*] hat gezeigt, daß diese Zahlen durchaus glaublich sind.«

Breasteds deutscher Kollege Kurt Lange verkündete knapp ein halbes Jahrhundert später, 1952, noch immer dieselbe Botschaft: »Wir haben keinen Grund, an Herodots Angabe zu zweifeln, daß an der Pyramide des Cheops je 100.000 Menschen drei Monate im Jahr gearbeitet hätten, während die Steinmetze in den Brüchen und auf dem Bauplatze gewiß das ganze Jahr hindurch tätig gewesen sind.«

Doch so gut wie zeit-
gleich traten die ersten
Zweifler an Herodot und
den ägyptologischen Be-
stätigungen zu seinen
Ausführungen auf den
Plan. Namen wie Robert
Charroux machten plötz-
lich die Runde in den Ge-
lehrtenstuben. Und ein
gewisser Erich von Däni-
ken rechnete seinerzeit:
»Hätten die fleißigen Ar-
beiter je Tag die unge-
heuere Akkordleistung
von zehn aufgetürmten
Blöcken geschafft, dann
hätten sie – folgt man dieser anekdotenreifen Er-
läuterung – in etwa
250.000 Tagen = 664 Jah-
ren die rund 2,5 Millio-
nen Steinklötze zur
herrlichen Pyramide zu-
sammengesetzt!«

Abbildung 31
Der griechische Geschichtsschreiber Herodot
berichtet, daß 100.000 Arbeiter rund zwanzig
Jahre lang mit der Errichtung der Cheops-
Pyramide beschäftigt waren – und die Fachwelt
hat ihm lange Zeit geglaubt.
Bild: Agora Museum Athen, Wikipedia, GNU

Ausgerechnet der verpönte von Däniken! Das traf die Ägypto-
logengilde hart. Die Folge: Endlich kam Bewegung in die Zunft. Aus
den Schulbüchern verschwanden klammheimlich, aber stetig die un-
sinnigen Darstellungen von mit Peitschen bewehrten Aufsehern, die
auf Sklavenheere einhieben. Die Experten begannen zaghaft, die Sache mit dem Pyramidenbau noch einmal zu überdenken. Selbstredend
konnten dabei die Theorien von Däniken & Co nicht unwiderlegt
bleiben. Wo kommen wir denn hin, wenn (sogenannte) Laien den
(sogenannten) Experten ins Handwerk pfuschen wollen. Der Wissenschaftler Helmut Müller-Feldmann etwa kommentierte von Dänikens
Ausführungen zur Cheops-Pyramide 1970 folgendermaßen: »Stärker
als je zuvor haben sich nach 1945 neben Fachgelehrten auch Publizi-

sten, Naturwissenschaftler und Techniker um die Lösung von ungeklärten archäologischen Fragen bemüht. ... So kann man sich jetzt
eindeutige Vorstellungen über den Pyramidenbau und vor allem über
das antike Wunderwerk des größten dieser königlichen Grabmale machen: der Cheops-Pyramide. Inzwischen wissen wir, daß zum Bau,
das heißt zur Verlegung der gewaltigen Steinquader, Rampen aus Ab-
fallsteinen rund um die Pyramiden angelegt wurden. Auf diesen zog
man mit Menschenkraft über Rundhölzer die gewaltigen oft bis zu
zweieinhalb Tonnen schweren Bausteine herauf ...« Und in diesem
Tenor machte Müller-Feldmann weiter. Konkrete Feldversuche, die
seine Behauptung untermauert hätten, nannte er aber nicht. Auch
konkrete theoretische Berechnungsmodelle listete er nicht auf. Fragt
man hingegen einmal einen Ägyptologen der jüngeren Generation,
was er von den »eindeutigen Vorstellungen« Müller-Feldmanns hält,
werden dabei nicht viele Übereinstimmungen genannt werden.

Niemand konnte bis heute die Grundrechnung widerlegen, die
besagt, daß 100.000 Arbeiter in zwanzig Jahren unmöglich die Cheops-Pyramide errichten konnten. Gehen auch wir von Herodot aus –
und seien wir dabei ruhig großzügig. Nehmen wir an, die Ägypter als
besonders fleißiges Volk hätten das ganze Jahr hindurch Tag für Tag
gearbeitet, dann hätten sie bei den verbauten 2,5 Millionen Steinblök-
ken zwanzig Jahre lang Tag für Tag 342 Steine (2.500.000 : 365 : 20)
an ihren Platz wuchten müssen – egal ob anfänglich unten an der Py-
ramidenbasis oder in späteren Jahren in luftigen hundert Metern Höhe.

Nun wissen wir aber alle, daß kein Mensch 365 Tage lang hindurch 2,5 Tonnen schwere Steine ziehen, schieben und wuchten kann.
Außerdem hatten die Ägypter eine recht stattliche Anzahl religiöser
Feiertage. Mehr als 300 Tage im Jahr wird wohl kein Arbeiter aktiv
auf der Baustelle die Blöcke bewegt haben. Dadurch wird die Sache
freilich noch unrealistischer. Denn bei 300 effektiven Arbeitstagen
erhöht sich die Zahl der täglich an ihren Platz zu befördernden Steine auf sage und schreibe 416 Felsblöcke.

Da davon auszugehen ist, daß auch die Ägypter essen, trinken und
schlafen mußten, werden sie wohl kaum mehr als zehn Stunden am
Tag gearbeitet haben. Das bedeutet, daß pro Stunde mindestens 41
Quader mit einem Durchschnittsgewicht von zweieinhalb Tonnen an
den dafür vorgesehenen Stellen einzupassen waren. Rein mathema-

tisch wäre demnach alle eindreiviertel Minuten ein Klotz millimetergenau zu plazieren gewesen – über zwanzig Jahre hinweg. Jeder Architekt wird bestätigen, daß das selbst mit den heutigen technischen Mitteln schlicht und einfach nicht zu schaffen ist. Übrigens: Diese Zahlen beziehen sich ausschließlich auf die Große Pyramide selbst. »Nebenbauten« wie beispielsweise der Totentempel des Cheops und die angegliederten Königinnenpyramiden sind in dieser Rechnung nicht enthalten.

Abbildung 32
Bei der Ermittlung der Bauzeit des Cheops-Komplexes sind unter anderem die Königinnenpyramiden (im Bild links) noch gar nicht berücksichtigt.
Bild: The Egypt Archive

Es dauerte zwar, aber irgendwann merkten auch die Fachleute, daß mit dem Verweis auf Herodot in der Frage des Pyramidenbaus »kein Land« mehr zu gewinnen war. Heute beruft sich, wenn es um die Frage nach der Bauzeit der Großen Pyramide geht und um die Anzahl der hierzu erforderlichen Arbeitskräfte, kein Ägyptologe mehr auf Herodot. Der »Vater der Geschichtsschreibung« ist in puncto Pyramiden ägyptologisch »out«.

Cheops darf länger leben

D amit hatte die Ägyptologie aber ihr Problem nicht gelöst. Eine Zeitlang herrschte regelrecht ein pyramidaler Erklärungsnotstand in den Gelehrtenstuben. Etwas mußte den Fachleuten also einfallen gegen die vermaledeiten »Götter-Astronauten-Scharlatane«. Und den Ägyptologen fiel etwas ein. Am 15. März 2001 vermeldete die angesehene Zeitschrift »Bild der Wissenschaft« in ihrem »online Newsticker« die Nachricht »Pharao Cheops herrschte länger als bisher gedacht«. Erläuternd führte die Verfasserin Birgit Kahler aus: »Cheops war nicht wie bislang vermutet 23 Jahre, sondern ganze 32 Jahre lang an der Macht, berichtet die ägyptische Zeitung ›Al-Ahram Weekly‹. Demnach hatte Cheops genug Zeit, die Cheops-Pyramide Mitte des 3. Jahrtausends vor Christus fertigstellen zu lassen, wie Zahi Hawass und Mark Lehner in einer neuen Studie des Turiner Papyrus' herausfanden.«

Gleich vorweg: Dieser sogenannte »Turiner Papyrus« ist die älteste chronologische Herrschaftsliste der Pharaonen. Und selbstverständlich steht in ihr *nicht*, daß Cheops 32 Jahre das Land am Nil regierte. (In der Turiner Königsliste sind 23 Jahre verzeichnet.) Hierbei handelt es sich lediglich um neuere ägyptologische Interpretationen. Die Deutungsversuche mögen sogar schlüssig sein – ihre Beweiskraft (wenn man überhaupt von einer solchen reden will) indes ist nicht größer als Herodots »Historien«-Angaben.

Aber das nur am Rande. Viel wichtiger ist es, der Behauptung, damit »hatte Cheops genug Zeit«, seine Pyramide auftürmen zu lassen, auf den Zahn zu fühlen. Reichen 32 Jahre wirklich aus? Rechnen wir erneut: 2,5 Millionen Steinblöcke : 32 Jahre (= Cheops' »neue« Regierungszeit) : 300 Arbeitstage : 10 Stunden. Das macht immer noch 26 Quader pro Stunde! Selbst bei dieser »verlängerten« Regierungszeit von Cheops müßte also spätestens alle zweieinhalb Minuten ein Block seinen Endpunkt erreicht haben. Wer glaubt, dies sei möglich gewesen, der soll es beweisen! Alle Experimente, die man bislang in dieser Richtung vorgenommen hat, scheiterten jedenfalls kläglich. Dazu zählt der Feldversuch der Waseda-Universität aus Tokio, die 1978 einen Mini-Nachbau auf dem Gizeh-Plateau versuchte. Die Japaner mühten sich sogar vergeblich, einen nur eine Tonne

Abbildung 33
Pharao Cheops in der einzigen von ihm erhalten gebliebenen Darstellung: In der nach ihm benannten Pyramide wurden von dem Herrscher allerdings keine Überreste gefunden.
Bild: Archiv
Erich von Däniken

wiegenden Gesteinsblock über den Wüstensand zu ziehen.

Ähnlich erging es dem »NOVA-Experiment« des oben bereits erwähnten Ägyptologen Mark Lehner. »Wir wollten ein paar der gängigen Theorien von Lehnsessel-Pyramidenbauern testen und antike Technologien so authentisch wie möglich erproben«, formulierte er das Ziel des Versuchs. Heraus kam bei dem dreiwöchigen Knochenjob eine Pyramide mit neun Metern Seitenlänge und sechs Metern Höhe. Allerdings erst, nachdem die Blöcke in den drei Wochen vor dem Baubeginn von derselben 44köpfigen Crew aus dem Steinbruch geschlagen wurden. Kleiner Schönheitsfehler: Dabei benutzte man Gerätschaften, die den Ägyptern nicht zur Verfügung standen. »Unsere Arbeiter«, räumte Lehner ein, »verwendeten Hämmer, Meißel und Hebel aus Stahl; ihre Vorgänger hatten nur Holz, Stein und Kupfer. Und fürs Setzen der unteren Steinlagen verließ sich Roger auf einen Frontlader ...«

Daraus kann man nur den Schluß ziehen, daß das gesamte Experiment nicht gerade der altägyptischen Realität entsprach und deshalb ziemlich wertlos war – oder aber, daß Mark Lehner den Einsatz

von moderner Technik zu Cheops' Zeiten nicht ganz ausschloß. Selbstverständlich liest sich Lehners Begründung völlig anders: »Der Frontlader wurde eingesetzt, damit wir Zeit hatten, an der Spitze, die wegen
der Raumnot besonders problematisch ist, unterschiedliche Methoden auszuprobieren.«

Und das war das Ergebnis des »NOVA-Experiments«: 168 verar-
beitete Blöcke in sechs Wochen mit 44 Arbeitern unter Verwendung
von Stahlwerkzeugen und unter Zuhilfenahme einer Baumaschine aus
dem 20. Jahrhundert. Dazu bedarf es wirklich keines weiteren Kom-
mentars mehr.

Abbildung 34
Wollte den Pyramiden-Bau nachstellen und
scheiterte – teilweise sogar mit dem Einsatz
von modernem Gerät: der amerikanische
Ägyptologe Mark Lehner.
Bild: www.interessantes.at

Wir sehen: Auch die gedankliche Verlängerung der Regierungszeit von Cheops um rund fünfzig Prozent ändert nichts, aber auch
rein gar nichts an den Fakten: Selbst in 32 Jahren könnte diese immense Anzahl von Steinblöcken – mit den damals zur Verfügung stehenden Mitteln – nie und nimmer errichtet worden sein.

Doch die gewitzten Ägyptologen hatten noch einen Pfeil im Köcher: Wir zitieren abermals aus besagtem »online Newsticker« von
»Bild der Wissenschaft«, denn der letzte Absatz jener Meldung vom
15. März 2001 kam einer archäologischen Sensation gleich! »Zudem«,
schrieb Birgit Kahler dort nüchtern, »gibt es neue Informationen über
die Struktur der Cheops-Pyramide. Demnach wurde die Pyramide
auf einem natürlichen Felsenhügel errichtet. Die bislang angenom-
mene Zahl und Größe der Steinblöcke mußte deshalb neu berechnet
werden. Statt 2,3 Millionen waren es wahrscheinlich nur 750.000
Blöcke, so Hawass. Auch haben Nachforschungen im Steinbruch
ergeben, daß die Blöcke statt der angenommenen 16 Tonnen nur bis
zu 1,8 Tonnen wogen.«

Eine »ägyptologische Kapitulationsurkunde«

D iese Meldung ist nicht, wie sie uns suggerieren will, die Bekannt-gabe neuester ägyptologischer Erkenntnisse, sondern vielmehr eine Art »ägyptologischer Kapitulationsurkunde«, denn sie dokumen-tiert die miserable Arbeitsweise dieser Fakultät auf dem Gebiet der Pyramidenforschung. Noch nicht einmal die Basisdaten sind annä-hernd gesichert. Wie will man irgendetwas – in welcher Form auch immer – rekonstruieren, wenn man nicht einmal weiß, wie das Ge-bilde überhaupt zusammengesetzt ist?

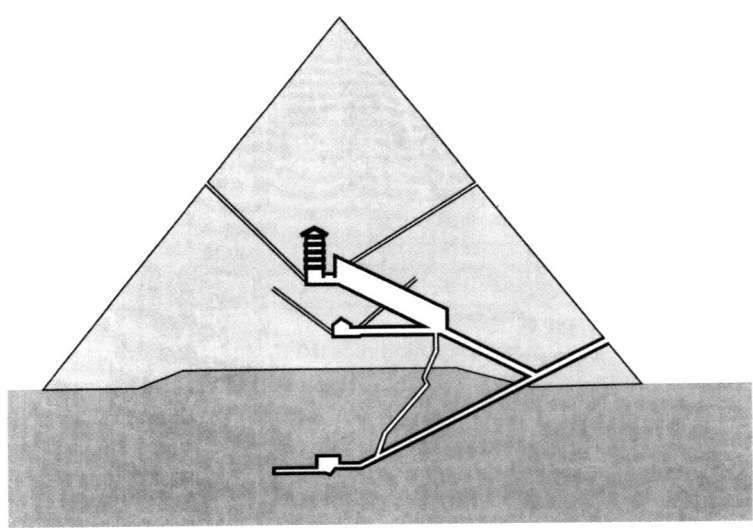

Abbildung 35
Die Cheops-Pyramide im Querschnitt: Noch immer ist unklar, wie dieses letzte existie-rende Weltwunder der Antike errichtet wurde.
Graphik: Bitterwolf

Was sollen wir angesichts dieser Faktenlage davon halten, wenn sich die Gelehrten (wie im Vorwort erwähnt) darüber den Kopf zer-brechen, ob die Cheops-Pyramide ursprünglich 146,50 oder 146,59 oder doch vielleicht 146,60 Meter hoch war. Hier führt sich eine ganze Fachwissenschaft selbst ad absurdum, denn bis hierher hat sich aus unserer Recherche ergeben:

- Jahrhunderte lang galt Herodot als das Maß aller Dinge in der Pyramidenforschung. Dabei hätte schon eine einfache Rechnung aufgezeigt, daß der griechische Historiker sich von den ägyptischen Gelehrten einen riesigen Bären hatte aufbinden lassen. Stattdessen gaukelte man der Öffentlichkeit vor, daß die ägyptologischen »Forschungen« die Angaben von Herodot auch noch bestätigen würden.
- Die Behauptung, Cheops habe 32 Jahre regiert, ist lediglich ein auf Indizien beruhendes Konstrukt. Der »Turiner Papyrus« hingegen nennt klipp und klar 23 Jahre als Herrschaftsdauer von Cheops. Doch wie der Schweizer Ägyptologe Thomas Schneider in seinem »Lexikon der Pharaonen« hierzu ergänzend schreibt, »sind aufgrund des Bauvolumens der Pyramide mindestens 25 bis 30 Jahre, eher 35 Jahre anzusetzen«. Und genau *das* ist es, was wir meinen: Die Ägyptologie paßt die Historie den Denkmälern an – trotz eindeutiger Quellen, die das Gegenteil belegen.

Stattdessen könnte man es ja – nur versuchsweise versteht sich – mit neuen Denkmodellen probieren. So könnte vielleicht die Frage gestellt werden, ob Cheops überhaupt der Erbauer jenes steinzeitlichen Wolkenkratzers auf dem Gizeh-Plateau gewesen ist? Es gibt eine ganze Reihe von Indizien, die erheblich daran zweifeln lassen – und es handelt sich dabei längst nicht nur um alte Mythen und Legenden.

Geradezu ein Paradebeispiel für alternative Denkansätze ist die These von antikem ägyptischen Beton. Sie ist rund dreißig Jahre alt und stammt von dem Chemiker Joseph Davidovits. Demnach bestehen die Gußquader zu über neunzig Prozent aus Naturkalk und zu drei bis sieben Prozent aus dem Bindemittel Kaolinit-Ton. Zwischenzeitlich gibt es eine Vielzahl von Indizien, die die »Betonversion« stützen. So stellte Guy Dumortier von der belgischen Universität von Namur fest, daß die Pyramidenblöcke mehr Fluor, Silizium und Natrium enthalten als vergleichbare ägyptische Natursteine. Dumortier kennt offensichtlich seine Pappenheimer, denn er stellt angesichts dieser (ebenfalls akademischen) Resultate klar: »Auch wenn es den Ägyptologen nicht gefällt: Die Nutzung von Steinen, die aus Beton gegossen wurden, ist für den Bau der Pyramiden die wahrscheinlichste Variante.«

Offensichtlich hat es sich auch schon in Universitätskreisen herumgesprochen, daß in der Ägyptologie disziplinfremde Ideen und alternative Überlegungen nicht überall auf Gegenliebe stoßen.

- Sämtliche bisher durchgeführten Feldexperimente zur Methodik des Pyramidenbaus erbrachten niederschmetternde Resultate. Mit den angewandten Verfahren hätte man nie und nimmer – geschweige denn in den angegebenen Zeiträumen (seien es nun 20 oder 32 Jahre) – das erste Weltwunder verwirklichen können. Sogar unter Einsatz der uns heute zur Verfügung stehenden Technologie kamen keine Ergebnisse zustande, die sich in der Exaktheit mit der Genauigkeit der Großen Pyramide messen können. Was versetzte dann die Alten Ägypter in die Lage, mit ihren bescheidenen Möglichkeiten dieses in der Menschheitsgeschichte einmalige Bauwerk in die Wüste zu setzen?

- Daß die Große Pyramide auf einem »natürlichen Felsenhügel errichtet« wurde, ist keine neue Erkenntnis, sondern eine (ur-)alte Geschichte. Bereits 1737 (!) erwähnte der Brite Richard Pococke das Vorhandensein des Kerns.

Die Crux dabei ist jedoch, daß es die moderne Ägyptologie bis heute verabsäumt hat, die wahre Dimension des Steinkerns zu eruieren. Der Wissenschaftsjournalist Michael Haase attestierte schon 1998, daß »sich die Ägyptologen eher zögerlich zum Felskern« geäußert haben. Und wenn, dann allenfalls spekulativ – viel »kalaam«, wenig Fakten.

Die Cheops-Pyramide schrumpft

Allerdings muß man der Forschung auch zubilligen, daß sie aus gemachten Fehlern lernt und falsche Ergebnisse revidiert. Die Ägyptologie indes scheint lernresistent zu sein, wie aktuelle Artikel belegen. So verbreitete die Presse nicht einmal zwei Jahre nach dem in »Bild der Wissenschaft« zitierten »Al Ahram«-Beitrag unter der Überschrift »Cheops-Pyramide gibt jetzt noch größere Rätsel auf. Nur halb so viele Blöcke wie vermutet« folgende Meldung: »Die Cheops-Pyramide bei Kairo besteht nicht wie jahrzehntelang angenommen aus 2,3 Millionen Steinblöcken, sondern nur aus einer Million. Das haben neueste Forschungen der obersten ägyptischen Behörde für Altertümer ergeben.«

Mit einem Federstrich wird das letzte erhaltene Weltwunder, was die Summe der Steinblöcke anbelangt, regelrecht halbiert! Buchstäblich hat sich jetzt die Altertumsforschung die Große Pyramide so zurechtgestutzt, daß sie zu Cheops paßt. Die Faustformel dazu lautet: Man erhöhe die Regierungszeit eines Herrschers um über fünfzig Prozent, reduziere die Summe der zu verbauenden Blöcke um bis zu zwei Drittel und vermindere gleichzeitig das Gewicht der Klötze um teilweise über neunzig Prozent – und schon paßt es!

Abbildung 36
Der Mann mit der Videokamera verdeutlicht, über welche Ausmaße jeder einzelne der Steinblöcke an der Cheops-Pyramide verfügt.
Bild: Christian Forrer

Immerhin: Die jüngsten Zahlen liegen, was die Summe der Blöcke anbelangt, wieder um 25 Prozent *über* jenen von Hawass und Lehner. Und außerdem gesteht die höchste ägyptische Antikenbehörde wenigstens ein, daß die neuesten Erkenntnisse die Bauausführung nicht leichter machen, denn dem Artikel »Al Ahram« ist weiter zu entnehmen: »Die Leistung der am Bau beteiligten Arbeiter wird dadurch nicht geringer, im Gegenteil: Weniger Steinblöcke bedeuteten auch schwerere Lasten, die aufeinander gehievt werden mußten.« Wie sollen das die Alten Ägypter bewerkstelligt haben, wenn man schon bei Bausteinen (siehe die Probleme des Waseda-Versuchs) mit nur einer

Tonne Gewicht seine liebe Müh' und Not hat?

Das ägyptologische Zahlen-Tohuwabohu macht allmählich schwindelig. Die Steinklötze sollen also schwerer gewesen sein als bisher unterstellt? Aber was fangen wir Laien dann mit den Ergebnissen von Hawass und Lehner an? Die zumindest haben doch – angeblich – sogar in den genutzten antiken Steinbrüchen gemessen und gerechnet und kamen zu dem Ergebnis, daß das Baumaterial wesentlich weniger gewogen haben soll?

Abbildung 37
Der Schweizer Erich von Däniken war einer der ersten, von der Fachwelt jedoch mitleidig belächelten Zeitgenossen, welche die Berechnungen des Griechen Herodot angezweifelt und dabei recht behalten haben.
Bild: Tatjana Ingold

Wohlgemerkt: Es geht hier nicht um eine Lehrmeinung, um keinen wissenschaftlichen Richtungsstreit. Es geht ausschließlich um Erkenntnisse, die aus Berechnungen und Messungen gewonnen wurden. Denn die Steinbrüche, aus denen die Bauklötze stammen, sind ja bekannt. Außerdem: Die verbauten Blöcke – zumindest die Außenblöcke – sind sichtbar, meßbar und berechenbar. Wieso dann die eklatanten Differenzen bei deren Gewicht?

Somit bleibt letztlich nur festzustellen: Alle »neuen Erkenntnisse« über den Pyramidenbau – egal ob durch archäologische Feldforschung, Bibliotheksrecherche oder Freiluftexperimente gewonnen –, haben ohne dramatische Veränderung der Parameter hinsichtlich Bauzeit und Personalaufwand (um von der Nahrungs- und Materialbeschaffung gar nicht zu reden) nicht dazu geführt, unzweifelhaft die Errichtung der Großen Pyramide zu erklären. Daran gäbe es auch nichts zu kritisieren. Im Gegenteil: Es ist äußerst anerkennenswert, wenn die Geschichtsforschung eigene Fehler erkennt, einräumt und dann revidiert.

Es ist aber auf der anderen Seite auch genauso heftig zu monieren, wenn die neuen Angaben ebenfalls wieder nur auf Schätzungen, Interpretationen und Spekulationen beruhen. Wer Laien an den Pranger stellt, der muß selbst akademische Professionalität zeigen. In Bezug auf den Pyramidenbau ist das bei einigen Forschern leider nicht der Fall, wie wir gesehen haben.

Angesichts dieser absolut unwissenschaftlichen Vorgehensweise können wir die unergiebige Zahlenspielerei getrost einstellen – denn wer weiß schon, was den Archäologen als nächstes einfällt. Erhöht sich die Zahl der benötigten Steine auf drei Millionen? Senkt sich die Zahl der Arbeiter auf 10.000? Oder billigt man Cheops eine Regierungszeit von fünfzig Jahren zu? Wie hätten Sie's denn gerne, verehrte Ägyptologen?

Nur eines hat sich in all den Jahren »moderner Forschung« und angeblich so neuer Erkenntnisse nicht geändert: Die Cheops-Pyramide ist genauso rätselhaft geblieben, wie sie es schon seit Jahrtausenden ist.

Abbildung 38
Stein auf Stein
türmt sich an der
Cheops-Pyramide.
Trotz verschiede-
ner Rechenspiele
fehlt nach wie vor
die Erklärung,
wie jeder einzelne
dieser Blöcke an
seinen Platz ge-
kommen ist.
Bild: Th. Muschick &
S. Baruth (www.isis-
und-osiris.de)

Das dicke Ende

Abschließend noch ein Hinweis: Wenn über die Errichtung der Cheops-Pyramide diskutiert wird, ist meistens festzustellen, daß das Bauwerk »isoliert« betrachtet wird. Dabei bleiben jedoch zwei Tatsachen völlig außen vor:

- Die Cheops-Pyramide ist lediglich der Hauptteil eines ganzen Komplexes von Bauwerken.
- Die wirtschaftliche, soziale und kulturelle Situation Ägyptens zur Zeit von Cheops wird bislang nicht ins Kalkül mit einbezogen.

Wer berücksichtigt schon bei seinen Überlegungen und Berechnungen den gesamten Cheops-Komplex? Als da wären zu nennen:

- Die Pyramide war von einer acht Meter (!) hohen Einfriedungsmauer aus Tura-Kalkstein umgeben, deren vier Seiten jeweils eine Länge von 250 Metern aufwiesen.
- Neben seiner eigenen Grabanlage ließ Cheops drei Königinnenpyramiden errichten. Ihre Länge: jeweils stolze 88 ägyptische Ellen – und somit etwa ein Fünftel der Königspyramide. Bei einem Böschungswinkel von etwa 52 Grad erreichte jede auch rund zwanzig Prozent der Höhe der Cheops-Pyramide.
- Cheops' angebliche »Nebenpyramide« wurde von SCA-Direktor Zahi Hawass erst vor wenigen Jahren im Zuge von Räumungsarbeiten entdeckt. Soweit rekonstruierbar, dürfte sie zwischen fünf und zehn Prozent der Ausmaße der Cheops-Pyramide gehabt haben.
- Das sogenannte »Grab« der Cheops-Mutter Hetepheres; allein der Zugangsschacht zu dessen Kammer ist 27 Meter tief.
- Zwei Gruben für Barken, von denen eine fast 45 Meter lang ist.
- Fünf weitere Schiffschächte mit unterschiedlichen Ausmaßen.
- Ein Totentempel für Cheops – Länge rund 52 Meter, Breite etwa 40 Meter.

- Zu diesem Bau führte vom Nilufer her ein Aufweg, ein tunnelartiger Korridor – weit über 700 Meter lang. Ausgangspunkt dieses Aufwegs am Nilufer war ein als Tal-Tempel bezeichneter Kultbau.

- Außerdem wurde ein kompletter Friedhof für Mitglieder der Herrscherfamilie angelegt, unter dem sich über ein halbes Dutzend riesiger Mastabas, also rechteckig angelegter und aus Lehmziegeln oder Steinen errichteter Gräber, befand.

- Noch größer ist der westliche Friedhof, den Cheops für Priester und Beamte in Auftrag gab – er birgt Tausende (!) von Gräbern.

Experten sagen über die hier in der Auflistung genannten Teile des Komplexes, daß es sich um »diverse Nebenschauplätze« oder »kleinere Projekte« handele. Kleinere Projekte? Vier Pyramiden, zwei Tempel? Ein Friedhof mit wer weiß wie vielen Gräbern? Eine acht Meter hohe Mauer? All das sollen Nebenschauplätze sein?

Abbildung 39
Auch das gehört zum Bauwerk und zu einer seriösen Mathematik: Wer die Bauzeit der Cheops-Pyramide ermitteln will, muß die Gruben von zwei bis zu 45 Meter langen Barken berücksichtigen, von denen eine heute in einem separaten Container (im Bild vorne rechts) ausgestellt ist.
Bild: Christian Forrer

Dabei haben wir von Unterkünften, Werkstätten und Verpflegungseinrichtungen noch nicht einmal gesprochen – und, und, und. Es ist traurig, aber wahr: Noch nicht einmal der Verwendungszweck der Großen Pyramide ist unstrittig. Zwar sind sich die Ägyptologen einig, daß das Bauwerk als Mausoleum von Cheops gedient habe, sie können dafür aber lediglich einen ziemlich ramponierten Sarkophag vorweisen. Von der Grabausstattung fehlt jegliche Spur – von der Mumie ganz zu schweigen. Das paßt wiederum zusammen mit Angaben des griechischen Geschichtsschreibers Diodor (1. Jhd. v. Chr.). »Kein König«, will er damals in Erfahrung gebracht haben, »ist in der Pyramide, die er sich hat bauen lassen, auch beigesetzt worden.« Wir wissen nicht, ob Diodor in diesem Fall auf ein von den damaligen Priestern verbreitetes Gerücht zum Schutz der toten Könige hereingefallen ist. Sicher ist gleichwohl, daß wir bis heute nicht eine einzige Mumie eines Pyramidenerbauers entdeckt haben. Bis jetzt ist Diodor jedenfalls unwiderlegt.

Am Ende können wir uns nur eine neue Generation von Ägyptologen wünschen. Junge Fachwissenschaftler, die den Mut aufbringen, der »reinen Lehre« abzuschwören und noch einmal ganz von vorne mit der Forschung beginnen. Und hier muß vor allem anderen das Basis-Datenmaterial gewonnen werden. Die bisherigen Zahlenspielereien und Baumodelle ohne archäologische Unterfütterung sind unergiebig. Was man uns bislang als »Erkenntnisse« präsentiert hat, hat sich jedenfalls in den allermeisten Fällen noch als (freundlich ausgedrückt) letztlich unhaltbar erwiesen oder ist zumindest massiv anzuzweifeln.

Wie drückte sich eines unserer »Schwarzen Schafe der Ägyptologie« zum Thema Pyramidenbau aus: »Wir haben keine Ahnung – aber davon jede Menge.«

Post Scriptum

Die im Jahr 2001 Pharao Cheops zugeordnete 32jährige Regierungszeit ist schon wieder »ägyptologische Makulatur«. Unlängst publizierten die Ägyptologen Erik Hornung und Rolf Krauss unter anderem ihre »Ancient Egyptian Chronology«. Gemäß des darin enthaltenen »Chronological Table for the Dynastic Period« muß sich Pharao Cheops wieder mit 26 Jahren Königsherrschaft begnügen. Selbstverständlich hat das keinen Einfluß auf die Arbeiten an seiner Pyramide ...

6. Kapitel

Der Kopf des Osiris

*Auf der Suche
nach einem altägyptischen Gott*

Wer war Osiris?

Die Ägyptologie hat äußerst sensible Themenbereiche. Themenbereiche, die es offiziell gar nicht gibt. Der »Kopf des Osiris« gehört ohne Frage dazu. Als G. F. L. Stanglmeier vor zwei Jahren darüber in seinem Buch »Versteckt, verschollen, vergraben – Pharaonenschätze, die noch zu finden sind« berichtete, war die Leserresonanz enorm und ungewohnt einmütig. Fast alle Zuschriften gipfelten in der Bitte um weitere Informationen. Die Autoren haben deshalb neuerlich nachgeforscht und sind teilweise auf völlig neue Informationen gestoßen. Nachfolgend der Stand der Dinge, wie er sich heute darstellt. Das Fazit: Die ganze Angelegenheit wird immer spannender. Zuerst aber sei geklärt, wer oder was »Osiris« ist oder war.

Die Antwort ist längst nicht so einfach, wie man annehmen möchte. Osiris, so lehren die meisten Fachbücher, war der oberste Totengott im Alten Ägypten. Doch bereits die Verifikation dieser als allgemeingültig betrachteten These brachte Überraschendes zutage: Die Quellenlage ist nämlich alles andere als eindeutig und unzweifelhaft. Zwar ist es unbestritten, daß die Alten Ägypter Osiris als Totengott verehrten – doch längst nicht von Beginn ihrer Kulturgeschichte an. Unstimmig ist darüber hinaus die von zahlreichen Ägyptologen verbreitete Behauptung, daß Osiris erstmals in den sogenannten Pyramidentexten, jenen religiösen Hieroglypheninschriften in einigen Grabmälern von Königen der 5. und vor allem der 6. Dynastie, erwähnt wird. Vielmehr findet sich eine erste, noch sehr kurze Erwähnung in einem Privatgrab. Die Ruhestätte entstammt der Herrschaftsperiode des Pharaos Neferirkare (zirka 2477 – 2467 v. Chr.), der ebenfalls der 5. Dynastie zuzuordnen ist.

Die Legende vom Totengott wird dadurch aber noch längst nicht zu einem historischen Faktum. Denn diesbezüglich schreibt der Wissenschaftler Guy Rachet: »Im Laufe der Jahrhunderte wurde die Persönlichkeit des Osiris dermaßen angereichert, daß er eine äußerst komplexe Gottheit darstellte.« Wohl wahr. Entsprechend der jeweils gültigen Osiris-Legende wird die sagenhafte Gestalt noch mit mindestens drei weiteren Daseinsformen identifiziert: einmal als Halbgott, dann als Außerirdischer und schließlich sogar als prädynastischer König. Dazu Guy Rachet: »Es ist verlockend, in der Figur des Osiris eine historische Person zu sehen, die vielleicht als erste während der dunklen Periode der prädynastischen Zeit die Stämme des Deltas und sogar ganz Ägyptens vereinigt hätte.« Osiris als Einiger des altägyptischen Reiches? Auszuschließen ist das nicht. Jedenfalls scheint der griechische Chronist Manetho (3. Jhd. v. Chr.) dieses Szenario für durchaus glaubwürdig zu halten. Ihm zufolge gehörten der 1. Dynastie nämlich »sieben göttliche Herrscher« an; darunter soll sich auch Osiris befunden haben.

Abbildung 40
Wandmalerien in Abydos belegen es: Dem sitzenden Totengott Osiris (rechts) wurde hier besonders gehuldigt.
Bild: Th. Muschick & S. Baruth (www.isis-und-osiris.de)

Ein Punkt will freilich nicht so recht in das schöngefärbte Thesenbild passen: Manetho billigt Osiris eine Regierungszeit von sage und schreibe 450 Jahren zu. 450 Jahre Regierungszeit! Vielleicht ist das ja mit außerirdischer Einflußnahme zu bewerkstelligen. Für uns ist eine derartige Lebensspanne allerdings doch pure Utopie.

Warum ist nun dieser Osiris für uns (und auch für die Wissenschaft) von besonderem Interesse? Die Antwort auf diese Frage ist gleichermaßen einfach wie faszinierend: Es ist die vage Aussicht darauf, erstmals in der Geschichte der Ägyptologie einen echten Gott des Nillandes (beziehungsweise einen Körperteil davon) ausfindig zu machen. Eines ist sicher: Der Fund wäre beispiellos in der Geschichte der Archäologie.

Allerdings tun sich bei der Suche sofort zwei Probleme auf. Die erste Schwierigkeit besteht darin, daß es zwei verschiedene Varianten der Osiris-Mythologie gibt. In der ersten Variante wird Osiris von seinem Bruder Seth ermordet, damit dieser selbst die Macht übernehmen kann. Nach der frevelhaften Tat zerstückelte Seth den Leichnam seines Bruders und verstreute die Körperteile über die ägyptischen Gaue.

In der zweiten Fassung wird Osiris von Seths Gefolgschaft nach einem Fest überwältigt und in eine Kiste gelegt, die im Wasser versenkt wird. Osiris ertrinkt also, sein Leichnam aber bleibt unversehrt.

Problematisch hierbei sind aber nicht die beiden unterschiedlichen Fassungen, es ist vielmehr ihr Alter. Die Zerstückelungslegende taucht in Kemet erst in der Spätzeit, nach 700 v. Chr., auf. Zu diesem Zeitpunkt aber bestand das ägyptische Reich bereits seit 2.000 Jahren. Auf der anderen Seite: Sämtliche religiösen Schriften im Zusammenhang mit Osiris beziehen sich auf die Vor- und Frühzeit der ägyptischen Kultur. Und das Fehlen von älteren Quellen besagt nicht, daß gewisse Ereignisse nicht in dieser Zeit stattgefunden haben können.

Nehmen wir als Paradebeispiel den Pyramidenbau. Er hat stattgefunden, wir haben aber keinen einzigen zeitgenössischen Beleg dafür, welche Technik zur Errichtung dieser einzigartigen, monumentalen Gebäude angewandt wurde *(siehe Kapitel 5)*. Oder nehmen wir die verschiedenen Kronen der Pharaonen. Sie sind wohl zu Tausenden auf Wandmalereien, Papyri, Statuen und Ostraka, also Keramikscheiben oder Felssplittern, abgebildet. Aber nicht eine einzige wurde bis heute gefunden. Auch im Grab von Tutanchamun wurde kein derartiges Machtsymbol entdeckt, obwohl man dort sogar fünf verschiedene Exemplare hätte erwarten können. Wenn also an entsprechenden Funden ein nicht zu verleugnender Mangel herrscht, bedeutet das zumindest in der Archäologie noch lange nicht, daß diese Objekte auch nicht existier(t)en.

Rund 4.000 Jahre:
Die längste Fahndung der Weltgeschichte

Im Jahre 1999 hatte es den Anschein, als könnte sich die Ägyptologie die Suche nach dem Kopf des Osiris ersparen. Auch in diesem Fall wurde – wieder einmal – dasselbe, hinreichend bekannte Schema angewandt und die Öffentlichkeit in die Irre geführt. Die Medien übermittelten seinerzeit die frohe Kunde, daß das Grab des Osiris endlich aufgefunden worden sei. Der Entdecker: natürlich SCA-Chef Zahi Hawass. Der Fundort liegt an exponierter Stelle, genau an dem Aufweg, der die Sphinx mit der Chephren-Pyramide verbindet. Und selbstverständlich spielt auch die unvermeidliche Top Secret-Politik wieder eine Rolle. Bereits eineinhalb Jahre, bevor die Öffentlichkeit informiert wurde, sei Zahi Hawass in das Schachtsystem eingestiegen, hieß es. Wie verlautete, sei dies erfolgt, damit Hawass »mit der Vorerkundung der Kaverne« beginnen könne. Dazu stieg er einen zwölf Meter tiefen Schacht hinab. An dessen Ende stieß das SCA-Team auf einen Raum mit sechs Nischen. Zwei davon enthielten Sarkophage, die aus der Zeit um 500 v. Chr. stammten. Die Krypta aber ist wesentlich älter. Anhand von Funden ließ sich ermitteln, daß sie bereits um 1550 v. Chr. genutzt wurde. Doch selbst mit diesem Alter scheidet der mysteriöse unterirdische Komplex als Bewahrstelle für den Kopf des Osiris aus. Und zwar nicht etwa wegen des Alters, sondern wegen der Geographie.

Abydos: »Osiris-City«?

Wenngleich die Quellen auch spärlich sind, so weisen sie doch zumindest alle in die gleiche Richtung. So hält der griechische Geograph und Geschichtsschreiber Strabon (63 v. Chr. – 28 n. Chr.) in seinem 17. Buch (Kapitel 44) fest, daß in Abydos das Osireion stehe, die Grabstätte des Osiris. In dasselbe Horn stößt der römische Schriftsteller Plutarch (zirka 46–125 n. Chr.), der gemäß »Peri Isidos« bestätigt, daß in Abydos noch immer der Leichnam des Totengottes zu finden sei. Abydos ist also in jedem Fall die erste Adresse, wenn man sich auf die Suche nach den Spuren des Osiris begibt. Die Stadt liegt in Oberägypten, nordwestlich von Theben. Im Laufe der Jahrhunderte entwickelte sie sich zu einem Wallfahrtsort à la Mekka und prosperierte dabei trefflich durch die Behauptung, sie sei die einzig wahre Kultstätte des Osiris', denn sein Kopf liege hier begraben.

Abbildung 41
In den Anlagen von Abydos, nordwestlich von Theben, soll der Leichnam des Toten-gottes Osiris zu finden sein.
Bild: Christian Forrer

Als »Beweis« präsentierte der abydenische Klerus kurzerhand das Grabmal des Pharao Djer (auch als »Grab 0« bezeichnet) aus der 1. altägyptischen Dynastie. Das entsprach zwar nicht der Wahrheit, verfehlte aber seine Wirkung nicht. »Oder«, schrieb G.F.L. Stanglmeier im Jahre 2005, »war die gesamte Aktion lediglich ein Camouflage-Lehrstück? Ein Täuschungs- und Tarnmanöver, um den wahren Aufenthaltsort des Osiris' zu verschleiern?« Wir wissen es nicht.

Sehr wohl aber sind wir darüber unterrichtet, was sich um 1285 v. Chr. ereignete. In Ägypten kam eine neue Herrscherlinie an die Macht, deren zweiter Sproß Sethos I. hieß. Der junge Sethos war seinem Vater Ramses I. nach dessen nur einjähriger Regentschaft auf den Pharaonenthron gefolgt. Und mit seinem Regierungsantritt begann auch für

Abydos eine Zeit einschneidender Veränderungen – insbesondere im
Hinblick auf den Götterkopf. Zum einen begann Sethos I. mit dem
Bau eines Tempels zu Ehren des Osiris, der alles an Größe übertreffen sollte, was bislang für den Totengott errichtet wurde. Wer auch
nur etwas in ägyptischen Legenden bewandert ist, wird an dieser Stelle
stutzen, haben wir doch oben gesehen, daß sich die Brüder Seth und
Osiris der Legende nach spinnefeind gewesen sein sollen und Seth
sogar vor meuchlerischem Brudermord nicht zurückschreckte. Und
ausgerechnet Osiris, dem Erzfeind seines Namensgebers und »Schutz-
gottes« Seth, errichtet Sethos I. nunmehr ein wahrhaft monumenta-
les Bauwerk? Was den Pharao dazu veranlaßte, bleibt sein Geheimnis.
Das ist freilich nicht sein letztes.

Abbildung 42
Der Tempel von Sethos I.:
Dieses Bauwerk ließ der Pharao zu Ehren von Osiris errichten.
Bild: Stan Kurowski

Unmittelbar an den Sethos-Tempel angrenzend befindet sich das
Osireion. In fünf Lexika über Altägypten fanden wir lediglich in einem das Stichwort »Osireion« gesondert aufgeführt. Dies ist jedoch
weit weniger überraschend, als es auf den ersten Blick erscheint, denn
das Osireion paßt so ganz und gar nicht ins Konzept der Ägyptologie. Es wurde nämlich in Megalith-Bauweise errichtet, einer Bauart,

die überhaupt nur noch ein einziges weiteres Mal im Nilland angewandt worden ist – und zwar zur Zeit der Pyramidenbauer bei einem Tempel in Gizeh. Mit diesem Alter kann das Osireion allerdings
nicht mithalten. »Das Alter des Gebäudes scheint sicherlich in die
Zeit der Regentschaft Sethos I. zu fallen …«, ist der Wissenschaftler
Barry J. Kemp aus Cambridge überzeugt. Mit seiner Annahme, daß
das Gebäude während der Regierungszeit von Sethos I. errichtet worden sein müsse, ist Kemp »auf Linie«. Im Widerspruch zur traditionellen Meinung stehen hingegen Leute wie Edouard Naville vom
»Egypt Exploration Fund«, der nach mehrjährigen Studien Anfang
des 20. Jahrhunderts zu der Überzeugung gelangte, daß das Osireion aus einer sehr frühen Epoche des Alten Ägypten stammen müsse.

Abbildung 43
Von Wasser umspült sollen der Kopf und die Mumie von Osiris aufgebahrt worden
sein. Das Osireion entspricht genau dieser Überlieferung.
Bild: Christian Forrer

Noch unterschiedlicher als die Altersbestimmung fällt die Ansicht
über die Nutzung des Bauwerks aus. Es gibt dazu drei vorherrschen-
de, selbstverständlich divergierende Lehrmeinungen.

• *Lehrmeinung I:*
  Das Osireion ist das persönliche Kenotaph (Scheingrab)
  von Sethos I.

- *Lehrmeinung II:*
  Der Bau ist ein Nachbau des mythischen Osiris-Grabes.
  Zu den Vertretern dieser Gruppe gehörte auch der verstor-
  bene deutsche Ägyptologe Walther Wolf.
- *Lehrmeinung III:*
  Diese Gruppe kommt der Wahrheit vielleicht am nächsten.
  Zu ihnen zählt der bekannte Ägyptologe und Romancier
  Christian Jacq. Seiner Ansicht nach ist das Osireion »das
  rätselhafteste Monument des Landes«. Die Bestimmung
  des Bauwerks hält er schlicht für unklar.

Jacq spekuliert nicht und er fabuliert nicht – er schildert die Sachlage so, wie sie ist. Allein schon dadurch unterscheidet er sich wohl-
tuend von vielen seiner Zunftgenossen. Und wir können nur ebenso
nüchtern feststellen, daß Sethos I. bis heute auch dieses Geheimnis
nicht preisgibt.

Mit an Sicherheit grenzender Wahrscheinlichkeit war das Osireion jedenfalls nicht das wahre Osiris-Grab – dies träfe höchstens
dann zu, wenn es wirklich, wie Naville meinte, »sehr alt« sein sollte.
Das ist jedoch, wie wir wissen, aufgrund der späten Einführung des
Osiris-Kultes äußerst fragwürdig.

Auf der anderen Seite: Sollte der Kopf des Osiris hier tatsächlich
verwahrt und geschützt worden sein, dann hat höchstwahrscheinlich
Sethos I. mit seinem Verschwinden zu tun. Und damit stehen wir
vor den beiden größten Geheimnissen von Sethos.

Das Kartuschengeheimnis

Gleich vorweg: Das »Kartuschengeheimnis« ist keine Entdeckung
der Autoren. Die nachfolgenden Informationen stammen vielmehr
von einem jungen Ägyptologen, der seine Beobachtungen nicht selbst
veröffentlichen kann – das universitäre Hierarchieprinzip läßt grüßen.

Das uns vorliegende Material umfaßt elf Seiten (inklusive Fotos).
Die Verfasser haben sich um eine wahrheitsgemäße journalistische
Aufbereitung der Unterlagen bemüht. Wo das nicht gelungen sein sollte,
liegt die Schuld hierfür ausschließlich bei den Autoren. Das Dokument wird hier erstmalig in Auszügen wiedergegeben.

Als »Kartuschen« bezeichnet man an den Ecken abgeflachte, ovale Ringe, welche den Geburtsnamen der Könige in Inschriften umschlossen. Und hier hat der junge Ägyptologe in Bezug auf Sethos I. einige interessante Beobachtungen gemacht. Sie beziehen sich auf drei der bekanntesten Bauwerke von Sethos: den thebanischen Totentempel von Sethos I. in Qurna, seinen Abydos-Tempel und sein Grab KV 17 im Tal der Könige.

Abbildung 44
In Qurna, der Heimat des Grabräuber-Clans Rassul, ließ Sethos I. einen prächtigen Tempel errichten. Wissen die Rassuls mehr über das Geheimnis um den Kopf des Osiris?
Bild: Stan Kurowski

Der Ägyptologe machte nun folgende Beobachtungen: Sämtliche Feststellungen beziehen sich auf »Geburtsnamen« (in der Fachliteratur auch »Eigenname« genannt) von Sethos I. Der Eigenname wird in verschiedenen Schreibweisen wiedergegeben. Gemäß dem »Handbuch der ägyptischen Königsnamen« des Ägyptologen Jürgen von Beckerath hatte Sethos I. sechs verschiedene Schreibweisen seines Geburtsnamens.

Eine davon, genannt E4, ist dem Experten bei seinen Studien aufgefallen. Er schreibt dazu:»Eine höchst außergewöhnliche Schreibung des Eigennamens liegt bei E4 vor. In allen Namensschreibungen wird die Hieroglyphe, die den hockenden Gott Seth (genannt ›C7‹) darstellt, verwendet.« Das ist logisch. Jetzt aber kommt's:»So jedoch nicht in E4«, schreibt unser Informant weiter.»Hier wird das Zeichen des Seth durch den hockenden Gott Osiris und die Hieroglyphe V39 ersetzt.«

Im Folgenden gibt unser Confident wieder, wo er konkret die merkwürdige Änderung der Schreibweise festgestellt hat. Wörtlich ist bei ihm nachzulesen:»Im thebanischen Totentempel Sethos I. in Qurna liegt ein interessanter Befund vor. Hier werden verschiedene Schreibungen des Eigennamens Sethos I. verwendet. Seltsamerweise ist jedoch in der Variante E4 an vielen Stellen die Seth-Hieroglyphe C7 bewußt beschädigt beziehungsweise getilgt worden.«

Richtig spannend wird die Sache dann in Bezug auf die beiden weiteren Großbauten, den Sethos-Tempel»der Millionen Jahre« in Abydos sowie das Grab des Pharaos (KV 17) im Tal der Könige. Der Informant teilt hierzu mit:»Die Namensschreibung E4 erscheint vor allem im Millionenjahrehaus, dem Tempel in Abydos und auf den Wänden seiner Grabanlage (KV 17) im Tal der Könige.«

Doch es kommt noch besser. Schwarz auf weiß ist nachzulesen: »Sowohl im Abydos-Tempel als auch im Königsgrab wurde nach meiner Kenntnis für die Schreibung des Eigennamens *ausschließlich* die Variante E4 benutzt«, also diejenige mit dem Osiris-Symbol anstelle dem von Seth. Warum, um alles in der Welt, so fragt man sich, duldete Sethos die Auslassung der Hieroglyphe seines ursprünglichen Schutzpatrons zugunsten der Einsetzung des Schriftzeichens von Seths Erzrivalen Osiris?

Der Ägyptologe weiß sich selbst keinen Reim darauf zu machen. Er mutmaßt lediglich:»Dies mag vor allem theologische Gründe haben. Man wollte wohl auf keinen Fall den ›bösen‹ und ›brudermordenden‹ Gott Seth bildlich in der jenseitigen Totenwelt, dem Reich des ermordeten Osiris, darstellen.«

Dem mag durchaus so sein. Auffällig ist indes, daß bereits Sethos' Thronerbe, der große Ramses II. (zirka 1279 – 1212 v. Chr.), eher gegenteilig verfuhr. Anstatt Seths Namen zu tilgen, hob er ihn teil-

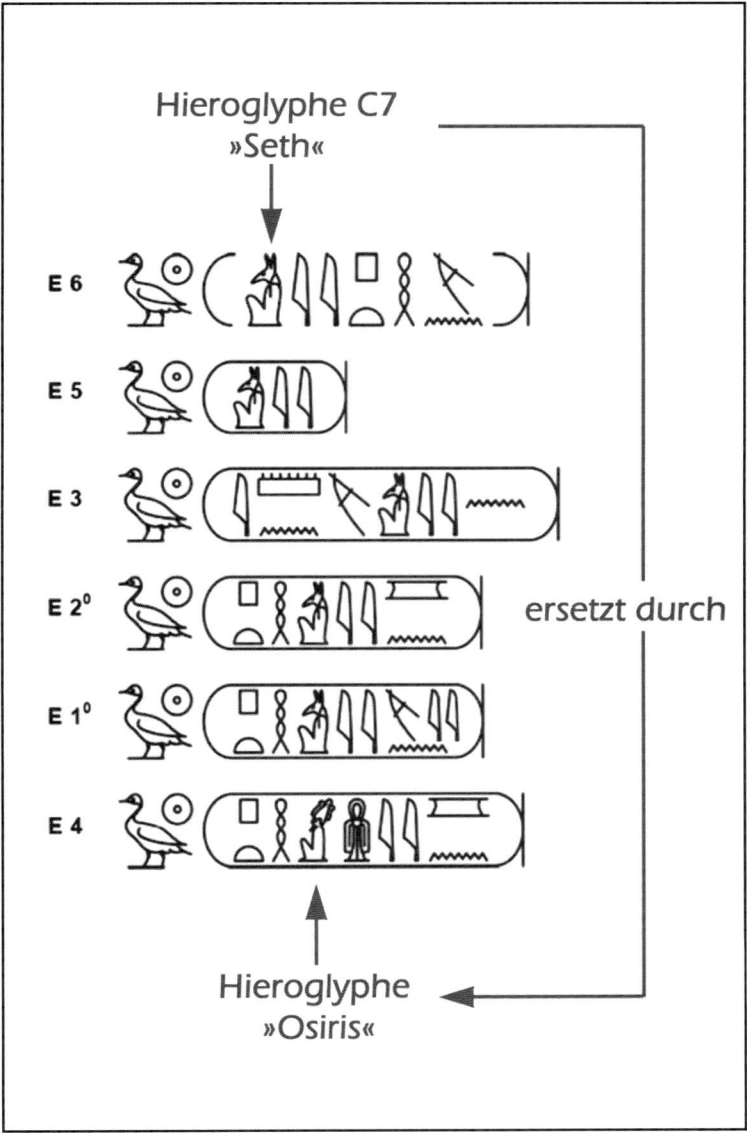

Abbildung 45
Die Geburts- beziehungsweise Eigennamen Sethos' I. Warum wurde die Seth-
Hieroglyphe teilweise durch die des »Bruderfeindes« Osiris ersetzt?
Graphik nach Gardiner und Beckerath

weise sogar hervor. So stellte Ramses heraus, daß er in der berühmten Schlacht von Kadesch »wie der mächtige Gott Seth« kämpfte.

Abbildung 46
Kartusche von Sethos I. mit Seth-Hieroglyphe
Bild: Thomas Kühn

Abbildung 47
Kartusche von Sethos I. mit Osiris-Hieroglyphe
Bild: Thomas Kühn

Das brachte die Verfasser zu der Überlegung, ob hinter der Na-
mensveränderung nicht etwas anderes stecken könnte, eine Art ver-
deckter Hinweis. Und manchmal ist ja »Kommissar Zufall« der beste
Gehilfe. G.F.L. Stanglmeier hatte schon vor Jahren, als man von diesem einmaligen Mysterium noch keine Kenntnis hatte, in seinem Buch
»Versteckt, verschollen, vergraben« die Ansicht vertreten, daß der Kopf
des Osiris mit hoher Wahrscheinlichkeit einst im Grab von Sethos I.
deponiert worden war.

KV 17 – das Grab des Osiris(kopfes)?

Man weiß nicht, soll man lachen oder weinen? Erik Hornung »gilt
international als einer der bedeutendsten Kenner des Alten
Ägypten.« So nachzulesen im Klappentext seines Buches »Das Grab

Sethos I.« Wir können diese Einschätzung nur teilen. Bei allen Vorbehalten, die vereinzelt gegen ihn laut wurden, gilt er als absolut integer und ausgesprochen gewissenhaft in seiner Arbeit. Ausgerechnet ihm passierte aber das Malheur, daß er in seinem besagten Buch den dreidimensionalen Grundrißplan des Sethos-Grabes, der sich über zwei Seiten erstreckt, unvollständig ließ. Rund sechzig Prozent (sic!) der Gruft wurden nämlich gar nicht dargestellt.

Es handelt sich bei diesem Gruftabschnitt um die heute schon fast legendäre »Passage K«, jenen düsteren und gefährlichen Tunnel in KV 17, der länger ist als der offizielle Teil der kammerreichen und verwinkelten Mammutgruft. Es ist unvorstellbar: Bis in über 210 Meter Tiefe reicht der in dieser Art einmalige Schacht, den der Rassul-Clan – ehemals Ägyptens erfolgreichste Grabräuber-Familie – entdeckt hatte. Dort, so sind sie sicher, liegt der Schatz des Sethos' oder der Kopf des Osiris', vielleicht sogar einer dem Osireion ähnelnden kleinen Pfeilerhalle mit einem etwa zwei Meter langen Quader in der Mitte des Raumes. Darauf aufgebahrt ruht der Kopf des Osiris' oder dessen komplette Mumie. Der Block soll vom Nilwasser umspült werden, welches das Urgewässer »Nun« symbolisiert, das in der ägyptischen Mythologie vor allem anderen und vor allem Leben existierte. Doch ob so oder so: In jedem Fall lohnt die »Passage K« der Freilegung.

Daß allerdings ausgerechnet die Rassul-Familie die Freilegung der »Passage K« übernehmen durfte, gehört – aus ägyptologischer Sicht betrachtet – zu den absoluten Tiefpunkten dieser Wissenschaft. Bis heute sind die genauen Umstände des Deals nicht bekannt, mögliche Dokumente zur Grabungsgenehmigung werden, wie sollte es auch anders sein, unter Verschluß gehalten. Man hat offensichtlich auch heute noch kein Interesse daran, diesen beispiellosen Skandal aufzuarbeiten. Fakt ist: Ali Rassul bekam vom Supreme Council of Antiquities (SCA) die Genehmigung, den Tunnel freizulegen. Gegenüber dem Buchautor Peter Ehlebracht erklärte Professor Abd el-Kader diesbezüglich: »Wie es genau war und wann, ich weiß es nicht meh, aber abenteuerlich war es, sehr abenteuerlich.«

Im Herbst 1960 berichtete die französische Tageszeitung »France Soir« über die Arbeiten: »Bei 65 Grad arbeiten 65 Arbeiter vollkommen nackt in 200 Meter Tiefe ...« Die Mühen waren letztlich vergeblich. Denn Financier Ali Rassul ging ganz einfach das Geld aus.

Abbildung 48
Aus Megalithen errich-
tet ist das Osireion.
Befindet sich darunter
der Kopf des Osiris?
Bild: Stan Kurowski

Seither hat die »Passage K« nur raren Besuch erlebt. Dieses Rätsel der Ägyptologie harrt noch immer seiner Lösung. Neue Rätsel
sind aber zwischenzeitlich hinzugekommen, denn im oberen Abschnitt
von KV 17 wurden weitere Entdeckungen gemacht. So gelang es dem
US-Ingenieur Dr. Robert Cribbs, einem Pionier der Radar- und Mi-
krowellentechnik, neue Hohlräume zu lokalisieren, teils unter dem
Boden, teils hinter Seitenwänden. Aber noch sind die Meßresultate
von Cribbs zu ungenau, als daß man darauf basierend bereits archäologische Feldmaßnahmen in Angriff nehmen könnte. Aber, wie Helga Lippert, Autorin der ZDF-Fernsehserie »Terra X«, meint, deuten
alle Merkmale »darauf hin, daß die »Passage K« ein gut geplanter,
sorgfältig ausgeführter und wesentlicher Teil des Sethos-Grabes ist.«
Schade, daß man davon, wie erwähnt, in Erik Hornungs Buch über
das Grab von Sethos I. kaum etwas erfährt. Wie aber würde er wohl
selbst eine Arbeit beurteilen, in der über die Hälfte des Themas kaum
Erwähnung findet?

Und nur Zufall ist das wahrlich nicht. Betrachtet man nämlich den Plan des Grabes von Sethos I. in Hornungs Buch »Tal der Könige«, fehlt sogar der Anriß der Passage. Schenkt man der Genauigkeit dieses Plans Glauben, sind zwei Drittel der Syringe überhaupt nicht existent! Niemand würde beim Betrachten der Übersicht auch nur auf die Idee kommen, daß dort noch eine wie auch immer geartete Entdeckung wartet oder noch längst nicht alle Teile von KV 17 archäologisch erschlossen sind.

Somit bleibt KV 17 der Anwärter Nummer eins, wenn es darum geht, die Osiris-Reliquie aufzuspüren. Andererseits kann sich aber auch alles ganz anders verhalten. Das »Kartuschengeheimnis« muß nämlich nicht zwingend etwas mit dem Totengott zu tun haben – oder es weist in eine Richtung, auf die man sich noch keinen Reim machen kann. Immerhin ist der religiös bedingte Ansatz, den der junge Ägyptologe anführte, nicht ganz von der Hand weisen.

Dies zwingt dazu, noch einmal den Blick in Richtung Abydos zu lenken. Vielleicht ist unsere Einschätzung, das Osireion habe nichts mit der Kopf-Reliquie zu tun, nicht zutreffend. Die Kartuschenänderungen zugunsten der »Osiris-Hieroglyphe« könnten auch – entgegen

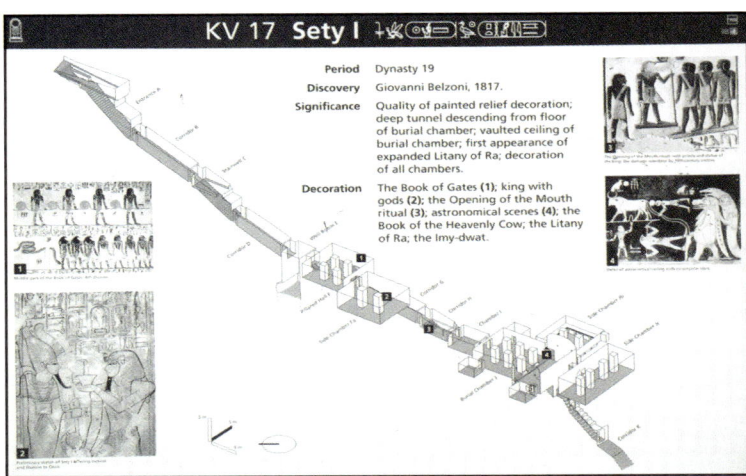

Abbildung 49
Obwohl KV 17 im Tal der Könige längst ein Fixpunkt auf dem touristischen Programm ist, birgt das Sethos-Grab unvermindert ein großes Geheimnis.
Bild: Thomas Kühn

der obigen Darstellung der Verfasser – auf das Osireion anspielen. Zwar bleiben wir dieser Variante gegenüber sehr reserviert, müssen aber eingestehen, daß es einen Bereich des Osireions gibt, der nach unseren Informationen bisher noch nicht untersucht worden ist. Dabei handelt es sich um den Bereich *unter* dem Monument. Das zufällige oder absichtliche Überlappen von Anlagen, also die Errichtung auf verschiedenen Ebenen, war in Ägypten durchaus nicht ungewöhnlich. Denken wir nur an die verschiedenen »Etagen« in der Cheops-Pyramide. Solange hier Messungen und Probebohrungen nicht vorliegen, hat man letztlich keine endgültige Gewißheit.

Das Grab des Königs Djer hingegen scheidet mit Sicherheit als Fundort für den Kopf des Osiris aus. Denn nach sämtlichen vorliegenden Quellen war die Anlage von Anfang an lediglich ein Scheingrab. Auch sind dort bereits Nachgrabungen durchgeführt worden. Nein, das Grab 0 ist hinsichtlich des Osiris-Kopfes nur eine »Nullnummer« im wahrsten Sinne des Wortes. Dennoch ist Abydos noch immer Anwärter Nummer zwei, wenn es um den Aufbewahrungsort der sterblichen Überreste von Osiris geht. Jedenfalls gibt es dort einen Bereich, der bisher überhaupt noch nicht Gegenstand der Untersuchungen war.

Abbildung 50
Im Sethos-Tempel von Abydos belegen prächtige Darstellungen noch heute die einstige
Bedeutung dieses Ortes.
Bild: Stan Kurowski

Der Chontamenti-Tempel von Abydos

Der Chontamenti-Tempel zählt sicher nicht zu den archäologischen Attraktionen von Abydos. Meist ignorieren ihn die Touristen völlig. Vielleicht zu Unrecht, denn hinter dem Namen Chontamenti verbirgt sich ... Osiris. Sofern nämlich die ägyptologischen Erkenntnisse zutreffen, war besagter Chontamenti mythologisch der direkte »Vorläufer« des Osiris. Laut Guy Rachet nahm Osiris in seiner Eigenschaft als Totengott »die Totengottheiten der ägyptischen Nekropolen in sich auf, insbesondere Chontamenti, der ›Herr der Westlichen‹ in Abydos ...«. Der schakalgestaltige Chontamenti ist demnach eine Art »Ur-Osiris« und war zugleich »Herr der Totenstadt von Abydos«.

Die Alten Ägypter waren bekanntlich sehr schlau. Mit dem Chontamenti-Tempel in Abydos als Verwahrplatz hätten sie gleich zwei Fliegen mit einer Klappe schlagen können. Einmal würde sich der Kopf entsprechend der Osiris-Mythologie in Abydos befinden. Zum anderen würde kaum jemand der späteren Generationen hinter dem Namen Chontamenti den Totengott Osiris vermuten. Das wäre dann das Herrschaftswissen der obersten abydenischen Osiris-Priester gewesen.

Wir wissen jetzt zwar, wo theoretisch die besten Suchplätze nach dem Götzen zu finden sind – falls dessen Überreste heute noch existieren. Letzteres kann niemand mit Bestimmtheit sagen. Doch wonach soll man überhaupt fahnden? Wie hat man sich das Haupt vorzustellen? Einen einbandagierten, mit Harzen übergossenen Kopf, wie bei den anderen Mumien? Guy Rachet ist ausdrücklich nicht dieser Ansicht. In seinem »Lexikon des Alten Ägypten« legt er dazu dar: »Was die Natur des Kopfes des Gottes und seinen reellen Ursprung betrifft, so ist man dabei auf Hypothesen angewiesen. Es scheint jedoch wahrscheinlich, daß es sich nicht um einen mumifizierten menschlichen Kopf handelte ..., sondern eher um ein Symbol.«

Hier haken teilweise Vertreter der Paläo-Seti-These beziehungsweise Anhänger der Astro-Archäologie ein. Sie erheben die Frage, ob es sich bei dem angeblichen Kopf nicht um eine technische Apparatur handeln könnte, die von Außerirdischen bei ihrem möglichen Besuch im Lande Kemet Verwendung fand. Diese Überlegungen fußen auf Totenbuchtexten, die davon berichten, daß Osiris durch das Aufsetzen der Kopfbedeckung erkrankte. Der Kopf sei angeschwollen, und es hätten sich Eiterherde gebildet.

Rundweg anders sieht das die Ägyptologie. Sie hält den Kopf »eher für ein Symbol«, das in einem Korb oder einem Tonkrug aufbewahrt wurde, wobei man vielleicht dieses Behältnis mit dem vermeintlichen Inhalt identifizierte. Nicht ausgeschlossen wird aber auch, daß in einem auf dem Block postierten Schrein eine Götzenstatue oder Maske aufgestellt war.

Doch vollkommen gleichgültig, ob Mumie, »ET« oder Statue: Einen nachweislich antiken Gott aufzuspüren, wäre in jedem Fall eine wirkliche Sensation. Oder – so muß man angesichts der ständigen Geheimniskrämereien in der Ägyptologie hinterfragen – ist die Osiris-Reliquie bereits gefunden worden und schlummert in irgendeinem ägyptischen Geheimdepot oder einem europäischen Banktresor – wie so viele Aegyptiaca? Darauf gibt es allerdings – und das sei hier klar herausgestellt – nicht den kleinsten Hinweis. Jede Überlegung in dieser Richtung wäre pure Spekulation ohne jeden realen Hintergrund und ist deshalb abzulehnen.

Jahr 2000: Die erste offizielle Suche

Sehr wohl aber gibt es, wie wir dargelegt haben, eine Reihe von Indizien, die eine eingehendere Beschäftigung mit dem Kopf des Osiris durchaus lohnenswert erscheinen lassen. Denken wir nur an KV 17, die Syringe von Sethos I.: Welche Überraschungen mag sie für uns noch parat halten?

Allerdings scheinen die Experten die Erfolgsaussichten für Grabungen im abydenischen Areal zumindest bis zum Jahr 2001 für aussichtsreicher gehalten zu haben. In der Saison 2000/2001 forschte nämlich ein ägyptisches Grabungsteam erstmals offiziell nach dem Grab des Osiris – in Abydos. Bis heute ist über die Ergebnisse dieser Feldarbeit unseren Informationen zufolge nichts veröffentlicht worden. Warum nicht? Wurde die Osiris-Reliquie etwa bereits gefunden und ist gegenwärtig (noch immer) Gegenstand geheimer Untersuchungen? Wer dies versucht zu ermitteln, stößt nur auf eine Mauer des Schweigens und der Unkenntnis. Vielleicht gehören ja aber auch diese Fragen zu denen, die man nicht stellt? Wer allerdings eine derart miserable Informationspolitik betreibt wie die Ägyptologie, braucht sich nicht zu wundern, wenn wilde Spekulationen wuchern.

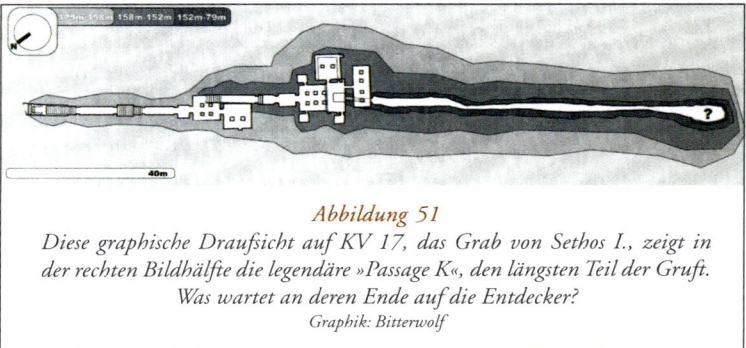

Abbildung 51
Diese graphische Draufsicht auf KV 17, das Grab von Sethos I., zeigt in der rechten Bildhälfte die legendäre »Passage K«, den längsten Teil der Gruft. Was wartet an deren Ende auf die Entdecker?
Graphik: Bitterwolf

Oder gibt es gar andere, handfeste Gründe? Nach Informationen der Nachrichtenagentur Reuters forschte jedenfalls gleichzeitig ein aus zehn Wissenschaftlern bestehendes Team unter Leitung von Günter Dreyer, dem Chef des Deutschen Archäologischen Instituts in Kairo (DAIK), in Abydos nach dem Grab des Frühzeit-Pharaos Skorpion II. (zirka 3150 v. Chr.) Wie Reuters damals ergänzend mitteilte, wird »… über der vermuteten Grabstätte Schicht für Schicht des angesammelten Sandes abgetragen. Dieser stammt teilweise von einer ersten Ausgrabung vor Tausenden von Jahren, als die Ägypter hier nach der Grabstätte des Gottkönigs Osiris suchten.« Ein Schelm, der dabei Böses denkt …

Post Scriptum

Im Rahmen ihrer Recherchen stießen die Verfasser mit Hilfe von »Kommissar Zufall« auf eine Besonderheit im Zusammenhang mit der Osiris-Reliquie.

Johannes Dümichen, quasi ein »Ägyptologe der ersten Stunde«, übersetzt die Bezeichnung für den 8. oberägyptischen Gau (das ist jener Landbezirk, in dem sich Abydos befindet) mit »der Gau des geheimnisvollen Osiris-Reliquienkästchens Abt«. So nachzulesen in seinem gemeinsam mit Eduard Meyer verfaßten Werk »Geschichte des Alten Ägyptens« aus dem Jahr 1886. Dümichen gibt keine ergänzende Erklärung hierzu. Er unterläßt es, den Begriff des »Osiris-Reliquienkästchens« zu definieren und auch eine Übersetzung der Vokabel »Abt« bietet er (in diesem Zusammenhang) nicht an.

Die Verfasser haben sich bei mehreren Experten um eine Klärung der rätselhaften Bezeichnung bemüht – leider vergeblich. Auch in der uns zugänglichen fachwissenschaftlichen Literatur konnten wir Dümichens Angabe weder bestätigt noch eine Wiederholung der merkwürdigen Bezeichnung finden.

7. Kapitel

Ramses,
der qualmende Pharao

Was nicht paßt,
wird passend gemacht

Ein Pharao auf Staatsbesuch

Ramses II. (zirka 1279 – 1212 v. Chr.), dem die Geschichtsschreibung den Beinamen »der Große« verlieh, war fraglos einer der berühmtesten Herrscher von Kemet. Aber Ramses, der in Abu Simbel eine ebenso monumentale wie faszinierende Tempelanlage errichten ließ, die heute zu den bedeutendsten antiken Sehenswürdigkeiten in Ägypten zählt, ist auch ein ägyptologisches Problemkind. Das fängt schon bei seiner Mumie an: Aufgefunden vor 1881 von Ahmed Abd el-Rassul, dem ungekrönten König der thebanischen Grabräuber, gelangte der einbalsamierte Leichnam in die Obhut der fachkundigen Ägyptologen des Ägyptischen Museums Kairo. Das war jedoch ein kapitaler Fehler. Denn dem guten Ramses bekam das Klima dort überhaupt nicht. Der Pharao, an ständige Fürsorge im Diesseits gewöhnt, fühlte sich, seiner ewigen Ruhe im Jenseits entrissen, vernachlässigt und begann zu modern.

Statt »Ramses der Große« wurde er in Fachkreisen bereits nach wenigen Jahrzehnten »Ramses der Schimmelige« genannt. Die Not war groß unter den Experten in Ägypten, die Hilfe aber nah. Die Franzosen boten an, mit schonender Hightech dem Verfallsprozeß, der durch Bakterien und Pilze verursacht wurde, Einhalt zu gebieten. In Kairo nahm man dieses Angebot der französischen Kollegen dankend an und verschaffte die sterblichen Überreste des Pharaos per Luftfracht in die Kapitale an der Seine. Die Grande Nation war sich durchaus bewußt, wer da im Jahre 1976 gewissermaßen als »Staatsgast« eingeflogen kam. Großer Bahnhof war angesagt am Pariser Flughafen Le Bourget. Die Ehrengarde war vollzählig in ihren schmucken Uniformen angetreten, und eine Militärkapelle intonierte die »Marseillaise« – vor einer verschlossenen Kiste.

Seitenlang berichtet die Ägyptologin Christiane Desroches-Noblecourt in ihrer Biographie »Ramses, Sonne Ägyptens« über die nach Öffnung der Kiste zunächst erforderlich gewordene Desinfektion der Mumie, an deren organisatorischer Arbeit sie selbst in führender Funktion mitgewirkt hat. Unter anderem läßt sich Desroches-Noblecourt sogar unter der Überschrift »Eine unerwartete Entdeckung von großer Bedeutung« über die Haare von Ramses aus: »Eine eingehende Untersuchung«, schildert die Expertin, »des schönen, noch geschmeidigen

Haares der Mumie brachte eine Überraschung: Nach behutsamen Bürstenstrichen nahm es wieder seine natürliche Form an und legte sich in harmonische, breite Locken.«

Worüber die angesehene Ägyptologin jedoch auch zwanzig Jahre nach den Ereignissen in ihrem Buch kein Wort verliert, ist die Tatsache, daß Ramses in Frankreich einige Strähnen dieses »geschmeidigen Haares« einbüßte. Und das nicht etwa für wissenschaftliche Analysen. Nein, die Leichenfledderei hatte ganz profane Gründe: Wer kann schon Haare von einem Pharao sein eigen nennen? Kein Wunder, daß der ebenso peinliche wie kriminelle Akt als Staatsgeheimnis behandelt wurde – zumal er nicht aufgeklärt werden konnte.

Abbildung 52
Die Tempelanlage von Abu Simbel fasziniert heute noch genauso wie vor über 3000 Jahren: Ramses »der Große« bleibt so mit diesem Monument auch für die Zukunft im Gedächtnis der Menschheit.
Bild: Rudi Rauch

Erst in unseren Tagen kam der Skandal ans Tageslicht. Die Nachrichtenagentur Reuters war nur eine unter vielen, die im April 2007 die im wahrsten Sinne des Wortes haarsträubende Geschichte verbreitete. Hintergrund bildete eine – selbstverständlich ebenso geheime –

Polizeiaktion. Im Jahre 2006 hatte nämlich ein Franzose versucht, die Lockenpracht von Ramses im Internet zu verkaufen. Der Preis war kommod: Gerade mal 2500 Euro wollte der Anbieter für diese höchst ungewöhnliche Devotionalie berappt haben. Die pikante Offerte blieb allerdings auch der Polizei nicht lange verborgen. Im November desselben Jahres wurde der Mann schließlich dingfest gemacht. Doch der vermeintliche Langfinger war nur der Sproß des zwischenzeitlich verstorbenen Täters. Und der wiederum war seinerzeit Mitarbeiter in exakt jenem Labor, das in den 1970er Jahren den Verfall der sterblicher Hülle von Ramses stoppen sollte. Die genaueren Umstände des dreisten Diebstahls ließen sich aber angeblich nicht ermitteln.

Wohlwissend, daß der Coup – allein schon wegen des anstehenden Gerichtsverfahrens gegen den Sohn – nicht länger unter der Decke zu halten war, gingen die Franzosen nunmehr in die Offensive und unterrichteten die Medien über den Vorfall. Ihnen teilte man mit, daß man die Haare an Ägypten zurückgegeben habe. Und genau so kam es dann auch: Eine Delegation ägyptischer Archäologen reiste nach Paris, um die Locken wieder an den Nil zu bringen. Dort klebte man sie nicht mehr an das Haupt der Mumie von Ramses – die nach neunmonatigen wissenschaftlichen Untersuchungen von Frankreich wieder zurück nach Ägypten gebracht worden war –, sondern stellte sie nunmehr getrennt davon aus. Und Frankreich gelang es, durch sein rasches Handeln diplomatische Verwicklungen zu vermeiden. Vielleicht hat man ja dort aus der Münchner Ungeschicktheit gelernt, die wir in Kapitel 2 über die »KV 55-Sarg-Affäre« eingehend geschildert haben.

Dennoch bleibt der Diebstahl des Ramses-Haares zweifellos ein handfester Skandal – und ein Vertrauensbruch, denn die Ägypter hatten den Beteuerungen nach einer professionellen Betreuung eines ihrer größten Herrscher Glauben geschenkt. Was bei der Aufarbeitung der Affäre herauskam, dürfte in Kairo keine rechte Freude ausgelöst haben.

Mutmaßlich aber ist die ganze Aufregung ohnehin umsonst gewesen, denn die Mumie von Ramses II. hält noch weitere Überraschungen bereit – Überraschungen, die ein Ägyptologenherz wegen ihrer Problematik sicherlich nicht erfreuen. Wen wundert's? Ramses ist immerhin einer der am längsten regierenden Nil-Potentaten. Und genau das ist es, was die Probleme verursacht. Die Ägyptologen billigen Ramses stolze 66 Regierungsjahre zu. Ermittelt haben sie das aus den diversen altägyptischen Textquellen. Doch sie haben die Rechnung ohne den Wirt, also die Mumie, gemacht. Röntgenaufnahmen der Körperhülle des Pharaos (unter anderem durchgeführt von dem Briten K. A. Kitchen) erbrachten nämlich ein völlig anderes Resultat. Demnach wurde der große Ramses lediglich 50 bis maximal 55 Jahre alt. Christiane Desroches-Noblecourt allerdings gibt wieder ein Alter von etwa 85 Jahren an. Wie aber läßt sich diese offensichtliche Diskrepanz bloß erklären?

Es wäre hier ein Leichtes, den Ägyptologen die Schuld zuzuweisen und ihnen Ungenauigkeit in ihrer Arbeit vorzuwerfen. Bei näherer Betrachtung stellen sich jedoch zwei andere Hauptursachen für die teilweise drastischen Unterschiede bei der Angabe des Alters und der Regierungszeit von Ramses II. heraus:

Abbildung 53
Erstaunlich schlecht erhalten präsentierte sich die Ramses-Mumie, als sie in den 1970er Jahren von französischen Wissenschaftlern untersucht wurde. Die größte Überraschung: Ramses muss Raucher gewesen sein, wie die in seinem Leichnam nachgewiesenen Nikotinspuren belegen.
Bild: Library of Christian Theological Seminary

- Eine Ursache sind zweifellos mögliche Verwechslungen bei priesterlichen Rettungsaktionen der Mumien aus dem Tal der Könige.
- Wahrscheinlich aber noch gravierender sind die individuellen Zustände der Mumien. Krankheiten zu Lebzeiten spielen hier ebenso eine Rolle wie auch die Einwirkungen von Transport(en) und Lagerungen.

Es ist also beim gegenwärtigen Stand der Dinge unmöglich, die Ägyptologie in der Frage der Regierungszeiten zu schelten. Hier gilt es vielmehr, geduldig die Zukunft hinsichtlich verbesserter Bestimmungsverfahren abzuwarten.

Doch die Mumie von Ramses dem Großen hatte noch eine weitere Überraschung parat – eine Überraschung, die das französische Forscherteam und mehr noch die Ägyptologie in helle Aufregung versetzte. Dem französischen Wissenschaftskollektiv, das die Mumie von Ramses II. behandelte, gehörte auch Dr. Michelle Lescot vom Musée de l'Historie in Paris an. Sie verwendete für ihre Untersuchungen ein Elektronenmikroskop, um festzustellen, ob sich in den Bandagen der Körperhülle Bakterien oder Mikroben eingenistet hatten. Was sie dabei fand, widersprach sämtlichen Lehrbüchern. Lescot stieß nämlich auf kleinste Überreste von Tabakpflanzen!

Das brachte die Ägyptologen zwar ganz schön durcheinander, aber immerhin war die Welt noch halbwegs in Ordnung. Doch dann tat Madame Lescot etwas, was in Ägyptologenkreisen einer wissenschaftlichen Freveltat gleichkommt. Sie brach die unausgesprochene Omertà, also die aus Kreisen der italienischen Mafia hinreichend bekannte Schweigepflicht, und ging mit ihren Resultaten an die Öffentlichkeit.

Die Retourkutsche kam prompt. Ihre akademischen Kollegen griffen Lescot umgehend an und gingen hart mit ihr ins Gericht. Immerhin erhielt sie, so sei anerkennend erwähnt, die Genehmigung, ihre Tests und Analysen auch im Inneren der Ramses-Mumie durchzuführen. Das Resultat war dasselbe: Ramses war mit Tabak in Berührung gekommen. War Ramses II. also Raucher?

Die Ramses-Spezialistin Christiane Desroches-Noblecourt läßt diese Frage in ihrer Biographie über den König unbeantwortet. Mehr noch: Sie geht der Problematik (obwohl sie diese erkennt) aus dem Weg und kommt lediglich ihrer Chronistenpflicht nach: »Sein Brustraum«, meint sie knapp, »war bei der Mumifizierung mit allerlei desinfizierenden Mitteln gefüllt worden: mit dem feingehackten Kraut der Nicotiana L., die man an den Innenwänden des Thorax neben Schichten von Nikotin fand. Sie stammten sicher aus der Zeit der Einbalsamierung, was allerdings ein Problem aufwirft, denn das Gewächs war in Ägypten – so schien es – noch unbekannt.«

Selbstverständlich geht es bei dieser Entdeckung nicht um die Frage, ob Ramses II. Raucher war. Mit Tabakpflanzen verknüpfen wir unsere Gedanken mehr mit dem amerikanischen Kontinent. Und schon stellt sich die alte wissenschaftliche Streitfrage: Segelten die Alten Ägypter nach Amerika? Wer indes glaubt, dieser Disput sei nach den Arbeiten von Madame Lescot entschieden, der unterliegt einem weitverbreiteten Irrtum. Lange Zeit wurde nämlich angenommen, daß Tabak erst durch Kolumbus auf dem europäischen Kontinent eingeführt worden sei. Vorher, so die Annahme, sei diese Pflanze nicht außerhalb Amerikas anzutreffen gewesen.

Es kann nicht sein, was nicht sein darf

Genau diese Position vertrat die deutsche Expertin Renate Germer, ihres Zeichens Ägyptologin und Botanikerin in Personalunion. Germer hatte bei ihrer Argumentation zwei Vorteile: Zum einen war sie Ägyptologin. Und außerdem vertrat sie die offizielle Linie, der zufolge von einer altägyptischen Querung des Atlantiks nichts Stichhaltiges bekannt war. Doch die Ergebnisse von Michelle Lescot ließen sich nicht wegdiskutieren. Das tat Renate Germer auch gar nicht erst. Dafür stellte sie in ihrem 1985 aufgelegten Buch über die »Flora des pharaonischen Ägypten« eine Spekulation an, die mindestens so abenteuerlich ist, wie es eine altägyptische Reise vom Nil an den Amazonas gewesen wäre. Ein Kollege, so Germer, sei die Ursache der ganzen Aufregung! Der Mann habe nämlich zwei linke Hände und sei Kettenraucher. Dieser Ägyptologe, so will Germer in Erfahrung gebracht haben, hantierte an der Ramses-Mumie – und dabei könnte »eventuell« Tabak in das Innere des Bauches gelangt sein. Germers Kollege bleibt ungenannt. Somit besteht – wissenschaftlich gesehen – keinerlei Möglichkeit, Germers Mutmaßung zu verifizieren. Die ganze Geschichte ist deshalb irrelevant im Vergleich zu der gediegenen Arbeit von Madame Lescot.

Ist man bei Renate Germers bisheriger Spekulation noch auf Treu und Glauben angewiesen, so ist ihre zweite Ausführung zu der Nikotinkontroverse nach dem Kenntnisstand der Verfasser sogar schlichtweg falsch. Denn in ihrem Buch behauptet Germer weiter, daß »keine Nicotiana-Arten, die in Ägypten, Afrika oder sonst einem für den pharaonischen Handel erreichbaren Land heimisch wären«, existierten.

Wir stellen dieser Aussage aber die Rechercheergebnisse des Journalisten Gerhard Wisnewski gegenüber, die er in der »Weltwoche« (Nr. 8/2002) veröffentlichte. Demnach hat er zwei Botaniker ermittelt, die bereits 1965 eine bis dahin unbekannte Tabakpflanze in Südafrika entdeckten. Sie erhielt den vielsagenden Namen »Nicotiana africa«. Wisnewski weiter: »Nach einer Untersuchung der Universität München handelt es sich bei der Pflanze um einen Reliktendemit, ein Überbleibsel aus einer Zeit, als die Umweltbedingungen für die Pflanze günstiger waren.«

Abbildung 54
War Ramses II. Kettenrau-
cher oder nur Pharao: Von
solchen Theorien weiß kaum
einer der vielen Tausend
Touristen, die Jahr für Jahr
die Anlage in Abu Simbel
besichtigen.
Bild: Christian Forrer

Spätestens an diesem Punkt angekommen, ist wohl einsichtig, daß Renate Germers gesamte Auslassungen zum Thema »Nikotin/Ramses II./Amerika« entweder nicht überprüfbar oder falsch sind. Das ist die Arbeitsweise einer hochgradigen Ägyptologin. Und da behauptet ihre Londoner Kollegin Christine El Mahdy, die Ägyptologie gehöre zu den »exakten Wissenschaften«.

Im Jahre 1992 kam dann das endgültige Aus für Germers Kettenraucher-Tollpatsch-Spekulation. Die Ulmer Gerichtsmedizinerin Svetlana Balabanova wollte es – anstatt sich in unklaren Spekulationen zu ergehen – genau wissen. Die Toxikologin untersuchte zu dieser Zeit zahlreiche Reste von altägyptischen Mumien, die dem Fundus am Institut für Anthropologie und Genetik der Universität München entnommen worden waren. Die Ergebnisse waren wirklich sensationell. Und doch ließ die äußerst gewissenhafte Forscherin ihre eindeutigen Resultate überprüfen – nicht einmal, sondern dreimal! Die Resultate:

• Bei sämtlichen neun untersuchten Toten wurde Haschisch gefunden.
• In acht Fällen entdeckte man Nikotin.
• In allen neun Fällen fand man zudem Kokain.

Die Sensation ist der letzte Punkt. Er stellt die Wissenschaft vor ein echtes Problem. Und das aus folgenden Gründen:

• Der Koka-Strauch wächst (und wuchs) stets nur in Südamerika.
• Erst 1859 gelang die Produktion von Kokain.
• Die Untersuchungsergebnisse lassen sogar den Schluß zu, daß – zumindest zeitweise – Rauschmittel in großen Mengen in Ägypten vorhanden gewesen sein könnten.

Aber wie gelangten die Ägypter an die »heiße Ware«? Konkretes wissen wir nicht. Bücherdick ist darüber spekuliert, debattiert und diskutiert worden, ob, wann und wie die Alten Ägypter den Seeweg nach Amerika nahmen – wenn sie ihn denn nahmen. Denkbar ist aber auch, daß der Handel von West nach Ost, also in umgekehrter Richtung, erfolgte. Genau das versucht gegenwärtig der deutsche Abenteurer Dominique Görlitz zu beweisen. Just zu dem Zeitpunkt, als die Autoren dieses Kapitel verfassen, hofft er, von New York aus Spanien mit einem aus Schilf gebauten Boot zu erreichen. Die These von Görlitz ist ebenso einfach wie sensationell: Er geht davon aus, daß der Fund von Tabak- und Kokainspuren in den Mumien und im Grab von Ramses II. ein Beweis für den Gütertransfer zwischen den beiden Kontinenten ist.

Allerdings erhebt der US-Anthropologe Kenneth Feder den berechtigten Einwand, daß die Reise von Görlitz nur beweist, »daß man, wenn man tapfer und tollkühn genug ist, in einem primitiven Boot den Atlantik überqueren kann – und sonst nichts«.

Weniger stichhaltig bis äußerst unwahrscheinlich ist dagegen seine Anti-Kokain-These. Feder wörtlich: »Spuren von Nikotin und Kokain könnten auch ganz anders in das Alte Ägypten gelangt sein – etwa durch ›Mumien-Partys‹, wie sie im 19. Jahrhundert in England populär gewesen sind.« Für einen Teil mag das bis zu einem gewissen Grad zutreffen. Aber bei einer Trefferquote von teilweise hundert Prozent, welche Svetlana Balabanova bei ihren Untersuchungen erzielt hat, erscheint dies doch etwas unrealistisch zu sein. Außerdem: Die Mumie von Ramses II., das läßt sich rekapitulieren, nahm mit Sicherheit an keiner Mumien-Party teil. Aber dafür gibt es ja den anonymen Kettenraucher-Ägyptologen …

Daß damit kein Land zu gewinnen war, hatten selbst die Ägyptologen längst erkannt. Aber die Ägyptologie kennt ja noch ein zweites probates Mittel, um unliebsame Funde und Theorien auszuschalten – quasi ihre letzte Trumpfkarte oder besser gesagt ein Joker, der beliebig oft einsetzbar ist und immer »sticht«. Der Joker heißt *Fälschung*.

Fälschung: Das Zauberwort

Hatte man bei Madame Lescot noch versucht, den Nikotinbefund ins Lächerliche zu ziehen, wandte man bei der forensischen Chemikerin Svetlana Balabanova gleich die »Auf-Nummer-Sicher-Methode« an. Man stellt die *Möglichkeit* in den Raum, daß die Wissenschaftlerin an in Europa gefälschte Mumien oder Mumienteile geraten war. Prinzipiell ist das selbstverständlich nicht auszuschließen. Es ist aber noch weitaus unwahrscheinlicher, daß es sich bei sämtlichen Stücken um Fälschungen handelt. Bemerkenswert und vielsagend ist in diesem Zusammenhang eine Darstellung, die im Internet kursiert. Demnach hat vor einigen Jahren die Britin Rosalind David versucht, die Mumien, die sich angeblich in der Obhut des Münchner Ägyptologischen Museums befinden, zu untersuchen. Sie hegte die Absicht, das Mumienmaterial unabhängig von den Analysen Balabanovas zu überprüfen. David, in jenen Tagen immerhin »Keeper of Egyptology« am Manchester Museum, wurde ihr Ansinnen freundlich, aber bestimmt verwehrt. »Aus religiösem Respekt«, wie es heißt. Übrigens: Bei Tests an den Mumien ihres eigenen Museums fand David in drei Fällen ebenfalls Nikotin.

Doch Nikotin hin, Nikotin her – darum geht es in letzter Konsequenz gar nicht. Es ist das Kokain, was die Gilde in Aufruhr versetzt hat. Die »Mumien-Partys« bilden dabei ein recht schwaches Argument; man hat fast den Eindruck, als sei jede Party-Mumie in ein Museum gekommen. Unumstößlich ist dagegen: Kokain wurde identifiziert – und das überproportional oft. Falls die Kontaminierung nicht in moderner Zeit geschah, kann das ausschließlich bedeuten, daß eine Verbindung zwischen Ägypten und Südamerika bestanden hatte. Ob diese Verbindung allerdings von Ost nach West oder von West nach Ost verlief, ist damit überhaupt noch nicht beantwortet.

Vielleicht liegt des Rätsels Lösung auf den Kanarischen Inseln? Sie könnten theoretisch der »Umschlagplatz« des Kokainhandels gewesen sein. Denn dort findet der Fachmann alles, was das Forscherherz begehrt.

Die Teneriffa-Connection

Besonders findet man dort in dem kleinen Ort Güímar Pyramiden. Stufenpyramiden, um genau zu sein. Sie ähneln den Stufenpyramiden der Alten Ägypter. Noch mehr aber den Maya- und Aztekenanlagen in Zentralamerika. Die Aufschichtung der Gesteinsbrocken folgt im Miniformat dem gleichen Prinzip wie bei den Inka-Festungen bei Cuzco in Peru. Und: Sämtliche Stufenpyramiden von Güímar– immerhin zehn Bauten an der Zahl – sind astronomisch exakt ausgerichtet. Anfang der 1990er Jahre hatte der Forscher Thor Heyerdahl die Pyramiden von Güímar näher untersucht. Er konnte zwar weder deren Alter noch deren Erbauer ermitteln, doch steht inzwischen fest, daß die Guanchen, die kanarischen Ureinwohner, von einer Untergruppe der nordafrikanischen Berber abstammen. Heyerdahl vermutete, daß die Kanarischen Inseln bereits im Altertum ein

Stützpunkt für den Schiffsverkehr zwischen dem Mittelmeerraum und Amerika gewesen seien. Schon im Jahre 1970 hatte Heyerdahl nachgewiesen, daß dies technisch durchaus zu schaffen war: Mit seinem Papyrusboot »Ra II« segelte er von Marokko nach Barbados. Darüber hinaus war den Guanchen, ebenso wie den Inkas und den Ägyptern, die Technik der Mumifizierung bekannt.

Klingt das alles zusammen genommen nicht viel plausibler als die »Kettenraucher-These«, die Theorien von »Mumien-Partys« oder gar jene einer schändlichen Leichenfälschung? Das hat nichts mit Verschwörungstheorien oder »Verbotener Ägyptologie« zu tun. Vielmehr ist es ein weiterer Beleg für die oberflächliche Arbeitsweise von Teilen dieser Zunft.

Das zeigt nicht nur die Mumie von Ramses II. Auch mit seinen Organen hat diese Wissenschaft kleinere Probleme. Genauer geht es um vier vasenförmige Gefäße aus blauer Fayence. Aufgrund der Inschriften gehörten sie Ramses II. In einer der Vasen stieß im Jahre 1906 der französische Ägyptologe Georges Bénédite auf ein dunkles Leinenpäckchen. Nach der Untersuchung kam er zu dem Schluß, das

Abbildung 55
Die Ägypter auf Teneriffa? Die Pyramiden von Güímar weisen jedenfalls eine auffallende Ähnlichkeit mit den Bauwerken am Nil auf und werden als Indiz dafür gewertet, daß bereits in antiker Zeit weitreichende Handelsbeziehungen bestanden haben.
Bild: Harald Kaffka, piqs.de

Päckchen enthalte das Herz des Königs. Flugs kombinierte Bénédite daraus, daß die vier Vasen, dem religiösen Brauch der Ägypter entsprechend, die Kanopenbehälter für die Aufnahme der einbalsamierten Ramses-Organe waren. Bald schon war diese Ansicht vertrautes und akzeptiertes Gedankengut in den muffigen Stuben der Fachwelt. Von einer Verifikation der Information hielt man schon damals recht wenig.

Deshalb war das Erstaunen groß, als man bei radiologischen Untersuchungen das Herz des alten Ramses am rechten Fleck in der Mumie vorfand. Dennoch sah man offensichtlich keinen Anlaß, der Sache nunmehr näher auf den Grund zu gehen. Erst unlängst untersuchte Jacques Connan von der Universität im elsässischen Straßburg die im Pariser Louvre befindlichen Gefäße neuerlich. Sein Ergebnis: Bénédites Untersuchungsergebnisse waren samt und sonders falsch. Nicht ein Organ war in den Behältern verwahrt. Was man hingegen fand, waren dafür die Überreste von Koniferen wie Zeder, Pinie oder Wacholder. Am unterschiedlichen Stand der Technik sind die beiden völlig divergierenden Resultate jedenfalls nicht dingfest zu machen. Denn wenn Bénédite nicht über eine ausreichende Qualifikation verfügte, warum nahm er dann die Befundung überhaupt vor? Und warum verzichtete er auf eine fachmännische Verifikation? Man mag zu dem Sachverhalt stehen, wie man will: Es ist geradezu auffallend, wie schockierend oberflächlich einige Ägyptologen »Wissenschaft betreiben«. Schade um die zig Millionen an Spenden- und Steuergeldern, die auf diesem Wege jährlich verpulvert werden!

Um andere Fundstücke und Themen – wir haben es bereits oben angeführt – machen dagegen zahlreiche Ägyptologen einen großen Bogen. Literatur über den Pyramidenbau ist ägyptologische Dutzendware. Aber außer zwei, drei Arbeiten findet man so gut wie nichts etwa über Kriminalität im Alten Ägypten. Über Ramses II. herrscht an Aufsätzen und Buchprodukten kein Mangel. Über den nicht gerade unbedeutenden Pharao Horemhab und sein bewegtes Leben ist dagegen nur im Antiquariat etwas zu finden.

Schlimmer noch aber sind unliebsame Funde. Wir haben oben bereits den »Fall Balabanova« kurz skizziert. Er ist nur eine Randepisode unter den zahlreichen Asservaten dieser »ägyptologischen X-Funde«.

Abbildung 56
Von Rauschmitteln flach gelegt? In diesem Fall bestimmt nicht:
eine monumentale Ramses-Skulptur in der Horizontalen.
Bild: Archiv Erich von Däniken

Post Scriptum

Im vorstehenden Kapitel sind die Autoren auf die Problematik der Altersbestimmung von Pharaonenmumien eingegangen. Unmittelbar vor Manuskriptabgabe erreichte die Verfasser dazu folgende ergänzende Information:

Laut Zahi Hawass, dem Generalsekretär des Obersten Rats für die Ägyptischen Altertümer, soll die Identität sämtlicher erhalten gebliebener Pharaonenmumien überprüft werden. Hierzu werden verschiedene Erbgutanalysen angewandt. Wie Hawass äußerte, kann nicht ausgeschlossen werden, daß einige Mumien in früheren Zeiten falsch zugeordnet wurden.

Auslöser der Aktion war eine Untersuchung der Mumie von Pharao Thutmosis I. (zirka 1524 – 1518 v. Chr.), die erst im Juni 2007 durchgeführt wurde. Mittels Aufnahmen eines Computertomographen und DNS-Analysen stellte sich heraus: Der Tote war ein junger Mann – Pharao Thutmosis I. aber starb als betagter Herrscher.

Weitere Überraschungen bei dem Forschungsprojekt sind nicht nur nicht auszuschließen, sondern sogar wahrscheinlich.

8. Kapitel

Schreibtischtäter

Das Elend einer Wissenschaft

Tabuthemen

So wichtig die archäologische Ägyptologie ist, ihre Bedeutung gewinnt sie, wenn man ehrlich ist, erst durch die analysierende Ägyptologie. Funde müssen übersetzt, interpretiert sowie historisch ein- und zugeordnet werden. Hätte Jean-François Champollion nicht die Hieroglyphen übersetzt, wie hätte etwa Howard Carter jemals wissen können, daß er das Grab des »goldenen Königs« Tutanchamun entdeckt hat? Damit aber wiederum die Hieroglyphen entziffert werden konnten, mußte zuvor erst der Drei-Sprachen-Stein von Rosette, einem Ort im Nildelta, aufgefunden werden.

Einen fundamentalen Unterschied gibt es jedoch zwischen den beiden Bereichen: Die auswertende Ägyptologie benötigt wesentlich mehr Zeit als ihre Kollegen, die mit dem Spaten unterwegs sind.

Ein Fund ist relativ schnell freigelegt und konserviert. Die Fundauswertung hingegen verlangt im Extremfall mehrere Arbeitsschritte. Das beginnt bei der Übersetzung eventuell vorhandener Inschriften, führt über die mögliche kunsthistorische Einschätzung bis hin zur kulturhistorischen Bewertung. Damit gibt die Schreibtischarbeit der Feldaktivität erst ihren Sinn.

Das Problem ist nur: Jedes ägyptologische Institut oder Seminar stellt sich selbst seine Themen. Hätte man vor dreißig Jahren versucht, etwas über die Sexualität im Alten Ägypten zu erfahren, hätte man mit Sicherheit Schiffbruch erlitten – das Thema wurde, wenn überhaupt, nur mit Glacéhandschuhen angepackt. Man konnte fast den Eindruck gewinnen, als hätten die Alten Ägypter tatsächlich ihre Kinder vom Klapperstorch überreicht bekommen.

Andere, völlig »unwichtige« Themen sind nicht einmal registriert. Sogar im siebenbändigen »Lexikon der Ägyptologie« von Helck, Otto und Westendorf ist das Stichwort »Kriminalität« nicht aufgeführt. Da folgt vielmehr auf so wichtige Schlagworte wie »Kriegstagebuch« der Abschnitt über die »Kröte«. Offensichtlich wäre Miss Marple in Kemet arbeitslos geblieben. Es müssen wahrlich herrliche Zeiten am Nil gewesen sein. Oder nehmen wir noch einen weiteren Begriff, der sicher von Interesse wäre für alle James-Bond-Freaks, der Begriff »Spionage«. In besagtem »Lexikon der Ägyptologie« folgt aber auf das Stichwort »Spindel« der Eintrag »Spirale«. Wer nähere Informationen

Abbildung 57
Der Stein des Anstoßes: Der berühmte Drei-Sprachen-Stein von Rosette wurde zwar
relativ schnell freigelegt, bis er aber entziffert wurde, dauerte es noch geraume Zeit.
Bild: Archiv Erich von Däniken

zur Tätigkeit der Agenten Seiner Majestät im Alten Ägypten erfahren will, muß notgedrungen auf Sekundärliteratur ausweichen. So ist das Thema wenigstens in der »Weltgeschichte der Spionage« von Janusz Piekalkiewicz angerissen.

Nun könnte man zu dem Schluß kommen, daß kaum Material zu diesen Komplexen vorhanden ist. Doch weit gefehlt! Die Autoren haben selbst Unterlagen in ihrem Archiv, die bequem ein ganzes Buch füllen würden! An was es also auch immer scheitern mag, daß derartige Themen weiträumig umschifft werden an der Fülle der Quellen bestimmt nicht. Man kann sich folglich des Eindrucks nicht erwehren, daß solches Gedankengut in der Vergangenheit in den ägyptologischen Studierzimmern nicht opportun war – und es vielleicht auch heute noch nicht ist.

Da wird lieber auf die unzweifelhaften, aber bisweilen eben auch schon sehr lange zurückliegenden Erfolge der Schreibtischägyptologie dezidiert eingegangen. Man kennt die Geschichte: Ein gewisser Jean-François Champollion rennt am 22. September 1822 aufgeregt in das Zimmer seines Bruders Jacques-Joseph und ruft: »Je tiens l'affaire – ich hab's, ich hab's!« Dann bricht Jean-François, einerseits aus totaler Erschöpfung und aus freudiger Aufgeregtheit andererseits, ohnmächtig zusammen. Seine Ohnmacht dauerte fünf Tage – aber zuvor hatte Champollion die altägyptischen Hieroglyphen entschlüsselt! Ein Stubengelehrter hatte die Basis für die neue Wissenschaft »Ägyptologie« geschaffen und war gleichzeitig der erste Repräsentant der jungen Forschungsdisziplin.

Das meiste an dieser Geschichte ist wahr, der wichtigste Teil aber trifft den Nagel *nicht* auf den Kopf. »Entgegen seiner festen Überzeugung«, schreibt dazu der Autor Philipp Vandenberg in einem Artikel, »hatte Champollion das Geheimnis der Hieroglyphen keineswegs vollends aufgedeckt; es dauerte noch viele Jahre, bis alle Texte entschlüsselt werden konnten.«

Abbildung 58
Ein Pionier der modernen Ägyptologie:
Jean-François Champollion gelang es
als erstem Menschen, die Hieroglyphen
zu übersetzen.
Bild: Archiv A.A.S.

Und selbst das ist übertrieben. Zwar können wir inzwischen stets den Inhalt der antiken Nachricht decodieren, aber längst nicht in jedem Fall wörtlich. Denn wörtliches Textlesen ist den Ägyptologen manchmal sogar heute noch unmöglich, weil die Bedeutung etlicher Hieroglyphen nach wie vor nicht klar ist.

Dennoch ist die Entzifferung der Bilderschrift auch ein Beispiel für die sich ergänzende Tätigkeit von Feldarbeit und Stubenstudien. Wäre der Drei-Sprachen-Stein von Rosette nicht entdeckt worden, würden wir wahrscheinlich noch keine einzige Bedeutung der Hieroglyphen kennen und die altägyptische Geschichte wohl noch immer ein Buch mit sieben Siegeln für uns sein.

Attentat auf Tutanchamun

Ägyptologen winken meist verächtlich ab, wenn »Amateurkollegen« mit wilden Vertuschungs- oder Verschwörungstheorien für Schlagzeilen sorgen. Sie vergessen lediglich hinzuzufügen, daß sie aber selbst kräftig ihren Beitrag zu eben jener Literatursparte leisten. Erinnert sei nur an den Fluch der Pharaonen mit Tutanchamun als Protagonisten – primär eine Inszenierung der Ägyptologie.

Um Tutanchamun dreht sich auch die vielleicht größte, mit Sicherheit aber bekannteste Blamage der Schreibtischforscher. Die Rede ist von der Ermordung des Pharaos. Am akribischsten verfolgt hat diese ruchbare Tat das Zunftmitglied Robert (Bob) Brier. Er verfaßte ein sehr erfolgreiches, 350 Seiten umfassendes Buch über den »Mordfall Tutanchamun«. Den Tathergang beschreibt er folgendermaßen: »Tutanchamun ruhte in einem großen Raum ... Mitten in der Nacht öffnete sich langsam und leise die Tür, gerade so weit, daß ein einzelner Mann hineinschlüpfen konnte. ... Der Pharao lag auf der Seite. ... Unter seinem Gewand holte der Mann einen schweren Gegenstand hervor, vielleicht eine ägyptische Streitkeule. ... Er atmete tief durch, holte aus und traf Tutanchamun am Kopf.«

Bob Brier betont, daß es sich bei seiner Schilderung um ein erdachtes Szenario handelt, »das aber der Wirklichkeit vermutlich sehr nahe kommt«, wie er anmerkt.

Kommt es nicht. Es hat nicht einmal annähernd etwas mit der Realität zu tun. Alles, was Brier und anderen vor ihm schon zur Begutachtung und Beurteilung zur Verfügung stand, waren zeitgenössische Fotos von der freigelegten Mumie und deren Autopsie aus dem Jahr 1925. Hinzu kamen Untersuchungsergebnisse einer Forschungsgruppe der Universität Liverpool von 1968. Hier war es vor allem ein Röntgenbild, das die Aufmerksamkeit der Fachleute erregte: Auf diesem Bild war eine Deformation an Tutanchamuns Schädel ersichtlich, die von einem Schlag herrühren konnte.

Aus diesen Materialien und Unterlagen leitete man zusammen mit historischen Indizien mehrheitlich die Theorie ab, Eje, der Nachfolger Tutanchamuns, habe den Pharao ermorden lassen. Besonders bemerkenswert ist die Sachlichkeit und Objektivität, mit der bei dieser Frage zu Werke gegangen wurde. Brier räumt freimütig ein: »Als sich die entsprechenden Hinweise mehrten, begann ich, den Hauptverdächtigen zu hassen.«

Dabei zollen die Verfasser Brier noch Respekt ob seiner Offenheit. Er gibt sein Manko wenigstens zu und hat es sich bewußtgemacht.

Gleichgültig, ob bei Brier oder in anderen Gelehrtenstuben, alle Theorien um den Tod von Tutanchamun krankten samt und sonders an einem Mangel: Es fehlte die Untersuchung der Mumie. Sämtliche Unterlagen bezogen sich auf altes Datenmaterial, das modernen wissenschaftlichen Ansprüchen nicht mehr genügt.

Die Stunde der Wahrheit war nicht mehr fern, als am 6. Januar 2005 der Generalsekretär der ägyptischen Altertümerverwaltung, Zahi Hawass, mit einem Trupp Forscher im Tal der Könige auftauchte, die Mumie Tutanchamuns aus seinem Sarkophag holte und sie flugs der Untersuchung mit einem Computertomographen (CT) unterzog. Dabei sollen 1.900 Einzelbilder aufgenommen worden sein (andere Berichte sprechen von lediglich 1.700 Aufnahmen). Das Ergebnis war für die Schreibtischägyptologie geradezu niederschmetternd. Von einer Kopfverletzung war weit und breit nichts zu sehen – sie ist schlicht und einfach nicht existent! Zwar weist Tutanchamuns Körperhülle ein Dutzend Frakturen auf. Doch die rühren bis auf eine von den »Untersuchungen« der Experten Mitte der 1920er Jahre her.

Anzeichen für eine Gewalttat im Sinne einer Ermordung des Pharaos haben sich aber nach Angaben von Frank Rühli vom Anatomischen Institut der Universität Zürich nicht ergeben. Rühli hatte die Bilder zur Verifikation der Ergebnisse der Ägypter im März 2005 begut-

Abbildung 59
Hat den Hauptverdächtigen gehaßt: der Autor Robert Brier, der in einem vielbeachteten Buch den Tutanchamun-Nachfolger Eje als Auftraggeber des vermeintlichen Mordes an dem berühmten Pharao ausgemacht hat – und damit weit neben der Realität lag.
Bild: Pat Remler

Abbildung 60
Im Tal der Könige ist immer etwas los ... und wenn dort nur Zahi Hawass auftaucht,
um die Mumie Tutanchamuns aus seinem Sarkophag zu holen und sie mit einem
Computertomographen untersuchen zu lassen.
Bild: Wolfgang Hartmann, pixelio.de

achtet. Damit ist das Thema »Attentat auf Tutanchamun« wohl endgültig vom Tisch und mit ihr die ägyptologische Verschwörungstheorie. Der Fall ist exemplarisch und wirft neuerlich Fragen auf:

- Worin besteht der qualitative Unterschied zwischen einer ägyptologischen Verschwörungstheorie und einer aus dem grenzwissenschaftlichen Lager, wenn beide Theorien sich am Ende als falsch erweisen?
- Wieso bedient sich die Ägyptologie unbewiesener Vertuschungs- und Verschwörungstheorien, obwohl sie dasselbe Verfahren bei Außenstehenden scharf kritisiert?
- Wie soll man ägyptologischen Einschätzungen noch trauen, wenn man bei näherer Betrachtung registrieren muß, daß nicht nur objektive Parameter bei der Beurteilung eines Sachverhaltes eine Rolle spielen, sondern ebenso persönliche oder an der Karriere orientierte?
- Wäre es nicht von Vorteil – zumindest künftig – Feldarchäologie und Schreibtischägyptologie direkt miteinander

zu verknüpfen, etwa nach dem Muster Auffindung ◆ Konservierung ◆ Auswertung ◆ gegebenenfalls interdisziplinäre Ergänzungsanalysen ◆ und dann Publizierung der Ergebnisse zusammen mit den Verifikationen?

Diesbezüglich schreib bereits die Bonner Autorin Heide Streiter-Buscher den Fachleuten ins Stammbuch:»Schreibtischarchäologie ist gewiß nicht jedermanns Sache. Es wird die Ägyptologie aber wahrscheinlich ein ganzes Stück weiterbringen, wenn sich ihre Jünger künftig mehr der mühsamen Auswertungsarbeit als weiteren Entdeckerfreuden an Ort und Stelle hingeben.« Dem können die Verfasser – leider – nur zustimmen. Galt dies schon vor über dreißig Jahren, so hat sich die Situation seither eher noch verschlimmert. So sollen gegenwärtig im Nilland etwa 300 Ägyptologenteams tätig sein. Selbstverständlich sind nicht alle mit Suchgrabungen befaßt. Einige haben sich in lobenswerter Weise der Konservierung und Restaurierung von Denkmälern, Monumenten und wichtigen Funden verschrieben. Dennoch ist das Verhältnis absolut inakzeptabel. Selbst wenn nur die Hälfte aller Gruppen grabend tätig wäre, es wären viel zu viele. 150 grabende Teams! Man muß sich diese Zahl einmal genau vor Augen führen. Jede Grabungsperiode dauert je nach Kostenaufwand in der Regel zwischen einem und drei Monaten. Das wären bei sechs Arbeitstagen pro Woche und durchschnittlich nur zwei Funden (vom Ostrakon bis zur Grabanlage) pro Tag bei einer mittleren Grabungszeit von sechs Wochen über 10.000 neue Fundobjekte pro Jahr. Das kann diese Wissenschaft nicht verkraften. In Wahrheit darf man wohl getrost sogar von der doppelten Fundmenge ausgehen.

Die Konsequenz ist ein nicht mehr zu bewältigender Berg an unausgewerteten Materialien. Jedes dieser Artefakte kann, wie wir schon mehrfach in den vorangestellten Kapiteln gesehen haben, Informationen in sich bergen, die dazu beitragen, ägyptologische Probleme zu lösen oder Wissenslücken zu schließen. Die Realität freilich sieht niederschmetternd gegenteilig aus. Nehmen wir nur den Grabschatz des Tutanchamun als Beispiel. Noch heute ist der größte Teil des Inventars ägyptologisch unausgewertet. Das ist eine Schande – nicht für Ägypten, wohl aber für die Ägyptologie.

Kulturhistorisch noch schlimmer ist es um die Auswertung des überkommenen Schriftmaterials bestellt. Vor nunmehr 32 Jahren machte Heide Streiter-Buscher öffentlich, daß »der größte Teil der erhaltenen Papyri … noch immer unveröffentlicht ist«. Man kann nur neuerlich feststellen: Auch daran hat sich bis heute so gut wie nichts geändert.

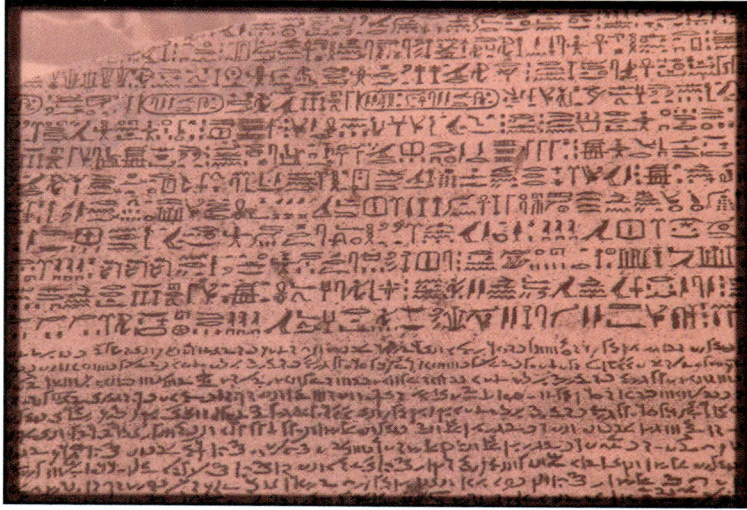

Abbildung 61
»Je tiens l'affaire«, rief François Champollion, als es ihm gelungen war, die Hieroglyphen mit Hilfe des Drei-Sprachen-Steins von Rosette zu entziffern. Doch noch heute sind längst nicht alle Hieroglyphen wörtlich übersetzbar.
Bild: Archiv Erich von Däniken

Geradezu einem Skandal aber kommt es gleich, wenn nicht einmal Grabungen jüngerer Zeit nach Abschluß der Exkursion entsprechend aufbereitet werden. Ein Insider berichtete den Autoren in diesem Zusammenhang von einem entsprechenden Fall, der eine im nördlicheren Teil der Bundesrepublik Deutschland beheimatete ägyptologische Institution betrifft. Demnach hat ein dort ansässiger Ägyptologe jahrelang Grabungen in Kemet durchgeführt, ohne jemals deren Resultate im gebotenen Rahmen zu publizieren. Damit aber längst nicht genug: Er soll sogar an archäologischen Stätten tätig gewesen sein, die gar nichts mit seinem entsprechenden Grabungsauftrag zu

tun hatten. Unter anderem wurde in diesem Zusammenhang Tutanchamuns mutmaßlicher Geburtsort Amarna genannt. Auf Bitte unseres
Informanten nennen wir weder Person noch Institution, zumal besagter Ägyptologe zwischenzeitlich in den Ruhestand getreten ist und
die Einrichtung selbst aus der Affäre ihre Konsequenzen gezogen haben
soll. Außerdem geht es den Autoren nicht um sensationsheischende
Aufdeckungen, sondern um eine Änderung der Zustände – und das
scheint in diesem Fall gegeben zu sein.

Ägyptologen verleugneten ganze Geschichtsepoche

Gleichwohl ändert das nichts an der Gesamtproblematik. Besonders schlimm ist der Zustand im Bereich der ägyptischen Vor-
und Frühgeschichte. Die ägyptische Vorgeschichtsforschung war und
ist nicht populär. Vor kaum mehr als hundert Jahren wollte man von
einer Vorzeit des Nillandes gar nichts wissen. An dieser Stelle sollte
man innehalten. Ein Fachbereich der Geschichtswissenschaft verzichtet
mangels Eigeninteresse weitgehend auf die Erforschung einer bestimmten historischen Periode. Das ist sowohl unter wissenschaftlichen wie auch unter historischen Aspekten nicht akzeptabel. Die Vor-
und Frühzeit ist nach heutigen Erkenntnissen die Basis dessen, was
wir als ägyptische Hochkultur ansehen. Und doch ist es erst wenige
Jahrzehnte her, daß das weltberühmte British Museum in London die
Annahme wertvoller prädynastischer Statuen glattweg abgelehnt hatte. Dazu erübrigt sich jeder weitere Kommentar.

Ein Feld, das kaum jemals im Zusammenhang mit der Schreibtischägyptologie genannt wird, ist die Durchforschung und auch Betreuung von Privatsammlungen. Niemand kennt ihre genaue Zahl.
Eine annähernde Vorstellung kann sich vielleicht derjenige machen,
der 1997/1998 die Schweizer Ausstellung »Ägypten: Augenblicke der
Ewigkeit« besucht hat. Die Ausstellung war nacheinander in Basel und
Genf zu sehen. Erklärtes Ziel war gemäß Katalog die Präsentation unbekannter ägyptischer »Schätze aus Schweizer Privatbesitz«. Man kann
sich wirklich keinen Begriff davon machen, welche Prunkstücke hier
erstmals öffentlich zu sehen waren. Nicht weniger als 220 Exponate

aus Gott weiß wie vielen Privatkollektionen des Alpenstaates wurden hierfür zusammengetragen. Unter den Pretiosen befanden sich unter anderem:

- mindestens ein Dutzend Ketten – jede ein bestechendes Meisterwerk;
- ebenfalls etwa ein Dutzend Ringe von bester künstlerischer Qualität;
- ein Kopf der Königin Nofretete.

Kurz: Jeder Museumsdirektor würde vor Neid und Wehmut erblassen, wenn er diese Kollektion betrachtet. Und dabei, so erzählte ein

Abbildung 62
Ignoranz der Fachwelt: Bis vor wenigen Jahren hat es das British Museum in London abgelehnt, wertvolle prädynastische Statuen anzunehmen.
Bild: Jutta Nowack, pixelio.de

Basler Kenner der »Szene« den Autoren, würden diese Exponate nicht einmal die Spitze des Eisbergs bilden. »Sie können mir glauben«, ergänzte er, »ihre wirklich besten Stücke haben, wenn überhaupt, nur sehr wenige Leihgeber zur Verfügung gestellt.« In Deutschland war Alexander Kiseleff einer dieser Sammler. Nein, das wäre falsch ausgedrückt: Nach allem, was man über ihn in Erfahrung bringen kann, muß er als fanatischer Sammler eingestuft werden. Unser Gewährsmann traf Kiseleff, der sich gerne mit »Sir Alexander« anreden ließ, erstmalig um 1970 in der Schweiz. Sie kamen rasch ins Gespräch, denn beide frönten dem (damals noch erlaubten) Sammeln von Aegyptiaca. Nur: »Sir Alexander«, alias Alexander Kiseleff, konnte sich sein teures Hobby eigentlich gar nicht leisten. Denn beruflich war er »nur« Lehrer an einer gastronomischen Ausbildungsstätte. Einem Sammlerfreund verriet er: »Aus Kostengründen habe ich kein Radio, keinen Fernseher, kein Auto, kein Telefon – und natürlich keine Frau.« Laut selbiger Quelle vermachte Kiseleff seine rund 1.500 (!) Aegyptiaca dem Lehrstuhl für Ägyptologie an der Universität Würzburg. Kiseleffs angeblich einzige Bedingung: Binnen zwei Jahren nach der Übernahme der Artefakte sollte ein Katalog der Sammlung veröffentlicht werden. Die ebenso angebliche Zusage wurde noch nicht eingelöst und erst ein winziger Bruchteil der Sammlung publiziert. Darunter befinden sich zwei Papyri, »Papyrus Kiseleff 1 und 2«, die sich um Gerichtsverhandlungen zwischen Nekropolenarbeitern drehen. Löblich hingegen ist die Unterbringung der Sammlung. Ein Großteil wird in freundlichen Räumen der bischöflichen Residenz Würzburg übersichtlich angeordnet gezeigt. Dort erfreuen die Exponate interessierte Besucher und dienen den Ägyptologiestudenten als Anschauungsobjekte.

Es wäre schön, wenn sich der eine oder andere Schreibtischägyptologe vielleicht doch noch dazu entschließen könnte, einen Katalog über Kiseleffs Hinterlassenschaft zu erarbeiten – sie wäre es wert.

Ägyptisches Gold in Bayern?

Am 11. Juni 2005 lud die Bayerische Staatskanzlei in München zum Tag der offenen Tür und präsentierte ihren Besuchern bei dieser Gelegenheit neben den erwarteten Einblicken in die Machtzentrale des Freistaates im Süden von Deutschland auch eine besondere Überraschung: In der »Schatzkammer« konnte der Goldhort von Bernstorf, einem Weiler in der östlich von München gelegenen, kleinen Gemeinde Kranzberg, bewundert werden. Seine Entdeckung im Jahre 1998 hatte zunächst lediglich seines materiellen Wertes wegen für Aufsehen gesorgt. Dann stellte sich jedoch heraus, daß zu dem Fund auch zwei Bernsteinstücke gehören, wovon eines eine Ritzung in mykenischer Schrift trägt. Sie war um 1400 v. Chr. entstanden und im ägäischen Raum verbreitet. In der Fachwelt ist sie unter dem Namen »Linear-B-Schrift« bekannt. Die Objekte sind derart außergewöhnlich, ja einzigartig, daß »zunächst die Frage nach ihrer Authentizität, also ihrer gesicherten Herkunft, im Raume stand«, wie das Bayerische Landesamt für Denkmalpflege später freimütig eingestand. Die entsprechenden Untersuchungen vor Ort beziehungsweise die nachgeordneten Analysen bestätigten alsbald die Echtheit – und erbrachten ein weiteres sensationelles Ergebnis: Das zutage beförderte Gold war nach behördlichen Untersuchungen so rein, wie es in der

Abbildung 63
So reines Gold, wie es in der Natur nicht vorkommt: Der Goldhort von Bernstorf legt die Vermutung nahe, daß der Mensch hier nachgeholfen haben muß. Dazu waren in jenen Tagen aber nur die Alten Ägypter in der Lage.
Bild: Bayerisches Staatsministerium für Wissenschaft und Kunst

Natur nicht vorkommt. Das heißt, es mußte also einem besonderen
Reinigungsverfahren unterzogen worden sein. Da die ältesten Belege
für dieses Verfahren aus Ägypten stammen, liegt die Vermutung nahe,
daß das Bernstorfer Gold von dort, also aus dem Nilland, stammt.
Sollte es via Griechenland um 1400 v. Chr. Handelsbeziehungen
zwischen Ägypten und Bayern gegeben haben – kurz bevor Pharao
Tutanchamun den Thron bestieg? Den Ergebnissen der Schreibtischarchäologie zufolge ist dies nicht mehr ausgeschlossen.

Hier haben wir also wieder einen derartigen Fall, wo dank inten-
siver Auf- und Nachbereitung ein einzelner Fundkomplex die Sichtweise auf einen historischen Zeitabschnitt zumindest in neuem Licht
erscheinen läßt.

In diesem Zusammenhang sei auch an die schon legendäre Himmelsscheibe von Nebra erinnert. Um das Jahr 2004 kam die Diskussion auf, ob nicht auch dieser, nur wenige hundert Jahre ältere Fund
in Verbindung zu Kemet gesehen werden muß. Hintergrund der Überlegungen bilden zwei Faktoren: Der erste betrifft die stilisierte Darstellung auf der Bronzescheibe. Die dort abgebildete »Sichel« hat eine
auffallende Ähnlichkeit mit den altägyptischen Sonnenbarken. Auf
diesen gewölbten Booten fuhr der Sonnengott Ra der Mythologie zufolge über den Himmel. Es sind sogar einige dieser Boote erhalten
geblieben. Das bekannteste ist wahrscheinlich die Kultbarke, die man
1954 auf dem Gizeh-Plateau neben der Cheops-Pyramide entdeckte.

Der zweite Faktor kann purer Zufall sein – oder aber ein interessanter Hinweis. Wie auch immer: Es ist jedenfalls sicher, daß der Bron-
zeteller unweit von Halle, bei Nebra, gefunden wurde. Genau diesen
Namen führte auch ein ägyptischer König – Pharao Nebra (zirka 2750
v. Chr.), zweiter Herrscher der 2. Dynastie. Er regierte also lange vor
Cheops.

Der Ort Nebra wurde 876 n. Chr. erstmals erwähnt und hieß in
der Folge »neuere«, »neberi« oder auch »nebure«. Diese Endsilben klingen auffällig ähnlich zu den ägyptischen wie »Nebira« oder »Nebre«

Weniger eingängig, dafür aber noch bemerkenswerter ist die Tatsache, daß Nebra direkt an der vorgeschichtlichen Bernsteinstraße
liegt, die aus dem Raum Hamburg über Magdeburg, Passau und den
Brennerpaß nach Venedig am Adriatischen Meer führte. Von dort
könnte der wertvolle Bernstein weiter in die Ägäis und nach Ägypten

gelangt sein. Dies wiederum würde genau mit den Ergebnissen des
Schatzfundes bei Bernstorf übereinstimmen. Demnach hätte die
Nord-Süd-Verbindung aber wahrscheinlich schon lange vor Anferti-
gung der Bronzescheibe bestanden.

Abbildung 64
Eine Botschaft aus Ägypten: Die Himmelsscheibe von Nebra gibt
der Fachwelt weiter Rätsel auf. Die darauf abgebildete »Sichel« hat
jedenfalls eine Ähnlichkeit mit den altägyptischen »Sonnenbarken«.
Bild: Staatsanwaltschaft Basel-Stadt

Deutlicher kann man die Wichtigkeit der Schreibtischägyptologie kaum vor Augen führen. Doch statt sich mit derartigen Themen
zu befassen, Themen, die unter Umständen sogar unseren eigenen
Lebensraum betreffen, ergeht sich diese Disziplin lieber zum x-ten
Mal in Arbeiten an völlig unergiebigen Bereichen. Eine sehr beliebte und einstmals auch notwendige »Spielwiese« der Schreibtischägyptologie ist zum Beispiel die Chronologie der alten Hochkultur. Hier
kann man auch wirklich Fortschritte in der Forschung erkennen. Die
Verfasser haben willkürlich das Beispiel Tutanchamun aus der 18.
Dynastie gewählt, um an ihm exemplarisch einige ägyptologische Änderungen in der Datierung des pharaonischen Ägyptens aufzuzeigen.

Autor	Regierungsjahre	Datierung (v. Chr.)
Alan Gardiner ca. 1965	9	1347 – 1339
Jürgen von Beckerat 1971	10	1347/1346 – 1337/1336
Nicholas Reeves 1990	10	1333 – 1323
Peter A. Clayton 1994	10	1334 – 1325
Jürgen von Beckerath 1997	10	1340/1332 – 1330/1322
A. Dodson / D. Hilton 2004	10	1343 – 1333

Selbstverständlich ist dies nur eine marginale Auswahl. Sie ließe sich problemlos zehn-, zwanzig-, ja dreißigfach erhöhen. Fast könnte man den Eindruck gewinnen, als gäbe es ein regelrechtes Wettrennen um die neueste pharaonische Zeittafel. Doch was soll man damit anfangen? Natürlich soll die zeitliche Datierung der Ereignisse möglichst genau sein, aber man muß sich auch bewußt machen, daß wir niemals eine Chronologie der Regierungszeiten und geschichtlichen Ereignisse erarbeiten werden, die auf den Tag genau stimmig ist. Und es spielt nun wirklich keine Rolle, ob Pharao X im Jahr Y oder im Jahr Z die Regierung übernommen hat. Hier wird im Bereich der Schreibtischägyptologie ein erheblicher Teil an Ressourcen, Finanzmitteln und Zeit regelrecht verschwendet. Alle drei Komponenten, darüber sollte in der heutigen Zeit eigentlich Konsens bestehen, sind in anderen Bereichen weitaus besser eingesetzt. Die Verfasser sind jedenfalls optimistisch, daß diesbezüglich den Ägyptologen geeignete Verwendungszwecke einfallen werden.

Die Autoren haben sich bemüht, in diesem Kapitel aufzuzeigen, daß die Geringschätzigkeit gegenüber der »Schreibtischägyptologie« vollkommen unangebracht ist. Mehr noch: Ihre Bedeutung wächst stetig. Auf der anderen Seite hat es diese Sparte teilweise auch selbst in

Abbildung 65
Noch immer stellt die Entzifferung der Hieroglyphen selbst
Experten vor große Probleme.
Bild: Thomas Kühn

der Hand, ihr Renommee zu verbessern. Die vielzitierte »Freiheit der Lehre« darf nicht dazu führen, daß ungeliebte Themenfelder stiefmütterlich behandelt oder gar ausgegrenzt werden. Mehr Koordination, Kooperation und Information müssen künftig in der »Schreibtischägyptologie« eine noch weitaus gewichtigere Rolle spielen. Zwar hat das Konkurrenzdenken in der Ägyptologie eine lange und unrühmliche Tradition. Doch selbst diese behäbige Disziplin sollte erkannt haben, daß die Uhren im Zeitalter der Globalisierung anders laufen.

Post Scriptum

D er berühmte Drei-Sprachen-Stein von Rosette, mit dessen Hilfe Jean-François Champollion der Durchbruch bei der Entzifferung der ägyptischen Hieroglyphen gelang, hat eine Art Gegenstück bekommen. Bei Ausgrabungen stießen Forscher aus Potsdam gemeinsam mit ägyptischen Kollegen auf einen Bilinguae-Stein. Der Fund gelang im Jahre 2004 in Tell Basta im Nildelta. Grabungsleiter Christian Tietze bestätigte:»Ein vergleichbarer Stein ist seit rund 120 Jahren nicht mehr gefunden worden.« Das Auffälligste an dem Granitblock ist, daß die darin eingemeißelten beiden Sprachen in drei Schriften zu lesen sind.

Der knapp einen Meter hohe, 84 Zentimeter breite und 65 Zentimeter tiefe Quader stammt aus dem Jahr 238 v. Chr. und enthält ein Dekret von König Ptolemaios III. Wie Tietze weiter wissen ließ, fand man den Klotz im Rahmen von Ausgrabungen in einer Tempelanlage von Bubastis. So nannte man den Ort in der Antike, der um 950 v. Chr. sogar die Hauptstadt des ägyptischen Reiches gewesen ist.

9. Kapitel

Das fünfte Evangelium der Ägyptologie

In dubio pro Fälschung

Der STT-Skarabäus

Spricht man von Ramses II., münden die Diskussionen häufig in der Frage: »War Ramses II. der Pharao des biblischen Exodus'?« Hört man sich in Archäologenkreisen um, fällt das moderne Urteil dieser Zunft zum Auszug der Israeliten unter Moses recht eindeutig aus:

- Professor Seev Herzog von der Universität Tel Aviv: »Es stimmt alles nicht.«
- Rolf Krauss, Ägyptologe: »Die Archäologen können den Aufenthalt der Kinder Israels in Ägypten nur als dichterische Erfindung ansehen …«
- Neil A. Silberman, Ename Center for Public Archaeology and Heritage Presentation in Belgien und den USA: »Die Sage von Israels Auszug aus Ägypten ist weder historische Wahrheit noch literarische Erfindung.«

Das war vor nicht einmal mal siebzig Jahren noch völlig anders. Gerade die Ägyptologen zählten zu den glühendsten Verfechtern der »Bibelarchäologie«. Und selbst heute noch gibt es Vertreter, die dem »mainstream« widersprechen. Einer von ihnen ist der Ägyptologe David Rohl. Er behauptet: »Der Pharao des Exodus' ist mit Pharao Dedumose, dem 36. Herrscher der 13. Dynastie, gleichzusetzen.«

Das ist durchaus legitim und wird akzeptiert. Kontroversen um der Sache Willen gehören zum ägyptologischen Geschäft. Schluß mit lustig ist aber, wenn Funde dazu führen könnten, alles bisherige an Erkenntnissen in Frage zu stellen – sozusagen eine Art fünftes »Evangelium der Ägyptologie«. Dann ist sich die Gilde rasch einig: Diese Funde müssen weg, raus aus dem Dunstkreis der »reinen ägyptologischen Lehre«. Hierzu haben die ägyptologischen Gralshüter, wie wir bereits in Kapitel 7 gesehen haben, einen kaum zu überbietenden Trumpf in der Hand: Sie erklären den Fund einfach zur plumpen Fälschung – wer will den Experten schon das Gegenteil beweisen?

Ein derartiger Fund kam 1936 in Bethlehem, im heutigen Israel, zutage. Die Archäologen staunten nicht schlecht. Was sie da in Händen hielten, war ein ägyptischer Skarabäus, ein altägyptischer Glücksbringer in der stilisierten Form eines Pillendreher-Käfers. War der

Fund allein schon ungewöhnlich genug, so kamen die Archäologen regelrecht ins Staunen, als sie auf der Unterseite vier quadratisch angeordnete Königskartuschen mit den Namen von verschiedenen Pharaonen abgebildet sahen.

Die vier Kartuschen gehörten zu drei verschiedenen Herrschern. Zwei Namen konnten zweifelsfrei König Thutmosis III. (zirka 1504 – 1450 v. Chr.) aus der ruhmreichen 18. Dynastie (Neues Reich) zugeordnet werden, Auch die vierte Kartusche konnte schnell entziffert werden. Sie umschließt den Namen von Königin Tausret aus der 19. Dynastie, eine der wenigen Frauen auf dem Pharaonenthron. Probleme bereitete gleichwohl der Name des ersten Potentaten. Zwar war sehr rasch klar, daß es sich um einen König Sesostris aus dem Mittleren Reich der altägyptischen Historie handelte – aber um welchen? Denn die Forschung kennt deren vier.

Doch das ist nur ein Teilproblem. Was verbindet drei Machtinhaber, die zeitlich um 750 Jahre oder mehr voneinander getrennt regiert haben? Hierzu hat der Forscher Frank P. M. Karg in der Zeitschrift »Kemet« folgende Überlegung publiziert: »Die einzige Antwort auf diese Frage ist, die Gemeinsamkeiten nicht aus der Sicht der Alten Ägypter zu suchen, sondern aus der Sicht einer anderen Volksgruppe …« Und was liegt näher als das Land auszuwählen, in dem der mysteriöse Fund gelang – in diesem Fall also das Land der Hebräer? Damit könnte Karg theoretisch den »modus operandi« gefunden haben. Denn in seinem Beitrag weist er nach, daß die Hebräer, auch Habiru genannt, Grund dazu hatten, sich mit einigem Wohlwollen an die Zeiten unter Thutmosis III., unter welchem Sesostris auch immer sowie letztlich unter der Herrschaft von Königin Tausret zu erinnern.

Karg gelingt es weiter sogar, durch komplexe Verknüpfungen von Verwandtschaftsbeziehungen und Berechnungen den – nach den drei Pharaonennamen kurz STT genannten – Skarabäus mit dem biblischen Exodus in Verbindung zu bringen. »Das Vorhandensein der königlichen Kartuschen …«, behauptet er, »auf dem STT-Skarabäus kann kein Zufall sein, da alle drei Monarchen aus Sicht der Israeliten verehrt werden konnten. Der STT-Skarabäus ist sicherlich von ägyptischen Hebräern (vielleicht sogar für Moses) angefertigt worden, und wahrscheinlich geschah dies nach dem Tode der Königin Tausret.

Damit ist dieser Skarabäus ein seltenes Beweisstück für die Geschichte von Moses und des Auszugs der Israeliten aus Ägypten.«

Der letzte Satz kommt allerdings einem Todesurteil für den STT-Skarabäus gleich. Den Exodus, so haben wir erfahren, hat es nie gegeben. Moses kann deshalb keine historische Gestalt im biblischen Sinne gewesen sein. Folglich hat der Skarabäus nichts mit dem Auszug der Israeliten aus Ägypten zu tun – oder aber er ist eine Fälschung. Damit sitzt der STT-Skarabäus bereits auf dem elektrischen Stuhl der Exegeten und Ägyptologen.

Um bei der Wahrheit zu bleiben: Auch die Verfasser hegen Zweifel an der STT-These. Aber nicht deshalb, weil wir grundsätzliche Bedenken hätten. Es ist vielmehr die Kartuschenplatte des Pillendrehers, die den Verfassern nur unvollständig berücksichtigt zu sein scheint. Es muß einen noch unbekannten Grund dafür geben, daß von Thutmosis III. gleich *zwei* Namen zu sehen sind. Handelt es sich vielleicht um eine Namensverwechslung mit einem anderen König? Hier wäre die Ägyptologie gefragt – hier hat sie versagt. Eine solche Diskussion findet nämlich kaum statt. Das ist nur natürlich, lohnt es doch selten, über Fälschungen zu diskutieren.

Die Ironie der Ägyptologie will es so, daß ein zweites antikes Artefakt existiert, bei dem *vier* königliche Namenskartuschen eine gewichtige Rolle spielen – freilich in einem völlig anderen Kontext.

Das Geheimnis der Echnaton-Tochter

Bei dem Objekt handelt es sich um eine Statue von Königin Anches-en-Amun, der Gemahlin Tutanchamuns (zirka 1334 – 1325 v. Chr.). Die Statue entstammt der bekannten »Sammlung James Simon«. Einer unserer Informanten hat das gute Stück 1982 selbst erworben.

Die poröse Rundplastik einer jungen Frau ist eher unscheinbar. Doch die 29,7 Zentimeter hohe Darstellung birgt »ägyptologisches Dynamit«. Allein schon ihre bloße Existenz bereitet den Fachleuten erhebliche Kopfschmerzen. Denn Anches-en-Amun war nicht nur Tutanchamuns Große Königliche Gemahlin, sondern zugleich die dritte Tochter des Religionsrevolutionärs Echnaton (zirka 1350 – 1334 v. Chr.) und dessen Gemahlin, der schönen Nofretete.

Das eigentliche wissenschaftliche Problem mit der Figur besteht in den darin eingeritzten Kartuschen. Wie bei dem STT-Skarabäus handelt es sich um ein Kartuschenquartett mit den Namen von insgesamt vier verschiedenen Personen.

Abbildung 66
Echnaton, der berühmte Pharao, ist der Vater der rätselhaften Anches-en-Amun.
Bild: The Egypt Archive

- Auf beiden Oberarmen stehen nebeneinander in Kartu-
  schen die Namen »Nofretete« und »Anches-en-Amun«
- Auf dem linken Handgelenk wiederum sind deutlich die
  Namen von »Nofretete« und »Echnaton« zu lesen.
- Dagegen sind auf der rechten Handfessel die Namen
  »Amenophis, der Gott, der Herrscher von Theben« sowie
  erneut »Echnaton« eingeritzt.

Genau diese Konstellationen aber passen nicht zusammen. Der Name
von Anches-en-Amun kann in einem königlichen Namensoval unmöglich gemeinsam mit dem ihrer Mutter stehen. Das würde nämlich darauf hindeuten, daß Nofretete mit ihrer Tochter – wenngleich
auch nur für einen äußerst kurzen Zeitraum – eine weibliche Doppelherrschaft über Kemet ausgeübt haben könnte.

Zumindest dokumentieren die Kartuschen, daß Anches-en-Amun
bereits zu Lebzeiten ihrer Eltern den Status einer Großen Königlichen Gemahlin erhalten hatte und demzufolge zur Königin Ägyptens
erhoben wurde. Das steht freilich in eklatantem Widerspruch zur traditionellen ägyptologischen Sichtweise. Diese geht davon aus, daß
nach dem Tode Echnatons für kurze Zeit Nofretete oder der Mo-
narch Semenchkare (zirka 1336 – 1334 v. Chr.) Ägypten regierte.
Erst *danach* soll Tutanchamun den Thron bestiegen haben – mit der
dritten Echnaton-Tochter als Königin an seiner Seite. Das scheinen
auch die bisherigen diesbezüglichen ägyptologischen Funde zu bestätigen. Eine *direkte* Nachfolge Tutanchamuns und seiner Gemahlin auf Echnaton/Nofretete scheint es wirklich nicht gegeben zu haben,
denn mit Ausnahme der Statue ist Anches-en-Amun »bislang nur unter
Tutanchamun belegt, in dessen Zeit jedoch die Namen des Königs-
paares Nofretete und Echnaton nicht passen«, wie der Berliner Ägyptologe Professor Dietrich Wildung 1985 festhielt. Aber Anches-
en-Amuns Name in einer königlichen Kartusche könnte dennoch passen, denn gegen Ende von Echnatons Regierungszeit taucht kurzfri-
stig eine weitere Prinzessin in der königlichen Familie auf:
Anches-en-pa-Aton-ta-scherit. »Ta scherit« bedeutet soviel wie »die
Jüngere« oder »das Kind von«. Anches-en-Amuns Geburtsname lautete Anches-en-pa-Aton, erst nach dem Regierungsantritt ihres Ge-
mahls Tutanchamun nannte sie sich Anches-en-Amun. Bezogen auf
Anches-en-pa-Aton-ta-scherit schlußfolgert die englische Ägyptologin

Abbildung 67
Weltberühmt und
doch geheimnisvoll:
der zweite Sarg von
Tutanchamun, der
nicht als direkter
Nachfolger von Ech-
naton und Nofretete
den Thron von Kemet
bestiegen haben soll.
Bild: Tatjana Ingold

Joyce Tildesley daraus: »Das impliziert eindeutig«, daß das Mädchen die Tochter von Anches-en-Amun und einem ungenannten König war, »von dem man allgemein annimmt, es sei Echnaton gewesen«. Anches-en-Amun könnte demnach anläßlich der Geburt ihrer inzestiös gezeugten Tochter von ihrem Vater-Gemahl-König Echnaton in den Stand einer Großen Königlichen Gemahlin erhoben worden sein. Als derartige Tochter-Königin hätte sie auch die dynastische Blutslinie weitergegeben und damit dem Nebensproß Tutanchamun durch ihre Vermählung mit ihm die rechtliche Grundlage für seine Krönung geschaffen.

Das würde aber auch erklären, warum auf der Skulptur sowohl der Name von Nofretete als auch der von Anches-en-Amun nebeneinander in Kartuschen auftaucht. Beide wären für kurze Zeit gemeinsam Große königliche Gemahlinnen gewesen.

Damit haben wir bereits drei mögliche Varianten, die durch die oben erwähnte Statue von Königin Anches-en-Amun das Ende der Amarna-Periode (so benannt nach Echnatons Hauptresidenz nahe der Stadt Amarna) von König Echnaton in ein neues Licht rücken würden.

• Echnaton erklärt Anches-en-Amun zur Großen Königlichen Gemahlin.
• Nofretete ernennt ihre Tochter zur Mitregentin.
• Nofretete erklärt Anches-en-Amun zur Thronerbin.

Wie aber sind dann die Namen »Echnaton« und »Amenophis, der Gott, der Herrscher von Theben« auf dem vierten Kartuschenpaar zu verstehen?

Mit Letzterem ist wahrscheinlich Amenophis III. – Echnatons Vater – gemeint. Aber selbst das ist nicht sicher. Fest steht: Die beiden »unmittelbar nebeneinander sind ebenfalls mehr als problematisch«, wie Professor Wildung betont. »Schwer erklärbar ist schließlich die Existenz dieser Inschriften auf einer noch unfertigen Figur. Vieles spricht also für eine nachträgliche, moderne Hinzufügung der Inschriften, manches für eine fragliche Authentizität der Statue.« Wildung will also nicht ausschließen, daß es sich bei der geheimnisumwitterten Statue um eine Fälschung handeln könnte oder an ihr Manipulationen jüngeren Datums vorgenommen wurden.

Allerdings sollte man auf die Einschätzung des Professors nicht unbedingt setzen. Immerhin war ihm das Stück gut genug, um es 1985 in München als Exponat in die Ausstellung »Entdeckungen ägyptischer Kunst in Süddeutschland« aufzunehmen – unter Katalognummer 49. Und die Londoner British School of Egyptian Archeology stufte die Anches-en-Amun-Statue bereits 1964 als »wichtige ägyptische Antiquität« ein. Welch' ein Unterschied!

Sollten weitere Funde die »Kartuschenbotschaft« von Anches-en-Amun bestätigen, wären die Konsequenzen jedenfalls fatal: So müßte das Ende der sogenannten Amarna-Periode weitgehend neu geschrieben werden – und das beträfe just jenen Zeitabschnitt, in dem der Monotheismus von Echnaton Staatsreligion gewesen war.

Abbildung 68
Ein Bild aus glücklichen Tagen: Anches-en-Amun sitzt auf dem Schoß ihrer Mutter Nofretete. Vater Echnaton (links) sowie ihre beiden älteren Schwestern Meritaton und Maketaton (Bildmitte) komplettieren das Familienidyll.
Bild: Archiv Erich von Däniken

Vielleicht gibt es aber auch eine weniger dramatische Erklärung für das Kartuschen-Wirrwarr. Wollte Anches-en-Amun lediglich ihre Genealogie, also ihre Abstammung, darstellen? Dann wäre auch die Amenophis-Kartusche sinngebend, denn Amenophis III. war ja Anches-en-Amuns Großvater.

Oder wollte die Amarna-Prinzessin gar ihren Machtanspruch dokumentieren? Möglich jedenfalls ist es, daß das Mädchen nach dem Tod ihrer Mutter Nofretete Gefallen an der Regentschaft fand und den Plan in Erwägung zog, allein die Regierungsgewalt zu behalten. Denn es ist besonders auffällig, daß ausgerechnet eine bestimmte Kartusche auf der Statue fehlt – die ihres Ehemanns, des neuen Königs Tutanchamun. Aber so lange man die Statue als Fälschung ansieht, braucht sich die Fachdisziplin auch nicht weiter damit auseinanderzusetzen. Was aber, wenn die British School of Egyptian Archeology recht behält?

Noch immer ungeklärt:
Wer geht im Garten spazieren?

Letztlich aber gibt es genau für diese Beurteilungen keine objektiven Kriterien. Und somit sind ägyptologische Expertisen häufig das Papier nicht wert, auf dem sie geschrieben sind. Nehmen wir das Beispiel der berühmten Berliner Relieftafel mit der einprägsamen Inventarnummer 15.000: Auf der farbigen Platte ist eine männliche, sich auf einen Stab stützende Person abgebildet, der rechts eine Dame gegenübersteht. Stilisiert sind auf der Stirn jeweils die königlichen Machtzeichen, die Uräus-Schlangen, erkennbar. Wir haben es also in jedem Fall mit einem Herrscherpaar zu tun. Das Exponat wurde unter dem Titel »Spaziergang im Garten« vielen Freunden der altägyptischen Kultur ein Begriff.

- Dazu schreibt im Jahr 1900 der Ägyptologe Georg Steindorff als Bildtext: »König Amenophis IV. und seine Gemahlin«. Letztere bleibt ungenannt.

- Im Katalog des Ägyptischen Museums in Berlin zur Tutanchamun-Ausstellung im Jahr 1980 ist dagegen folgender Text zu lesen: »Semenchkare und Meritaton«. Letztere war eine ältere Schwester von Anches-en-Amun. Die Existenz Semenchkares ist bis heute strittig. Nach Aussage von Christine El Mahdy soll Semenchkare identisch mit Nofretete sein.

- Somit überrascht es kaum noch, wenn Christine El Mahdy im Jahr 2000 zu der Reliefstudie äußert: »Traditionell hielt man diese beiden Figuren für Semenchkare und Meritaton, aber tatsächlich ist die männliche Figur Tutanchamun.«

Das ist leider kein Einzelfall, wie die bereits ausführlich in diesem Buch geschilderte Geschichte über die Sargwanne aus KV 55 *(siehe Kapitel 2)* belegt. In diesem Grab lag aber nicht nur der wertvolle Pharaonensarg. Die Entdecker stießen dort auch auf wunderbar gearbeitete Kanopenkrüge, welche zur Aufnahme der inneren Organe des Verstorbenen dienten. Verschlossen waren diese vasenähnlichen Krüge mit Deckeln, die den Kopf der toten Person zeigten.

- Cyril Aldred, einstiger Direktor des Department of Art and Archaeology am Royal Scottish Museum in Edinburgh, urteilte 1968, »daß kaum noch Zweifel bestehen«, daß »es sich um eine der Töchter Echnatons, wahrscheinlich um Merit-Aton – handelt«.

- Die Forscherin Eleonore Bille-De Mot erkennt hingegen in dem Menschenkopf den (vielleicht nie existierenden) König Semenchkare.
- Peter A. Clayton, unter anderem Ehrenmitglied des Archäologischen Instituts am Londoner University College, schreibt dagegen, daß es sich bei dem Verschlußpropfen »um Königin Kija handelt, die mutmaßliche Mutter Tutanchamuns«.

An diesen Aussagen erkennt man den Wert derartiger »Expertisen«. Das ist bei Objekten und Texten ohne historische Bedeutung belanglos. Völlig anders verhält es sich hingegen – wie in diesen Fällen –, wenn davon kulturhistorische Ereignisse oder Personen betroffen sind. Es macht eben für den historischen Ablauf der Ereignisse gegen Ende der Amarna-Periode einen erheblichen, ja vielleicht sogar entscheidenden Unterschied, wie die 29,7 Zentimeter hohe Anches-en-Amun-Rundplastik beurteilt wird. Ist sie wertloser Plunder oder aber ein einmaliges Artefakt, das auf einen bedeutenden Abschnitt der Menschheitsgeschichte ein neues Licht wirft?

Just von Anches-en-Amun existiert ein zweites Objekt mit ähnlicher historischer Bedeutung. Es handelt sich dabei um den sogenannten Newberry-Ring. Der Fingerring tauchte 1931 (nach anderen Quellen bereits in den 1920er Jahren) im Antiquitätenhandel der ägyptischen Hauptstadt Kairo auf, wo er Professor Percy Newberry, einem Mitarbeiter des Ägyptischen Museums, auffiel. Auch bei diesem Fundstück sind es wieder die Kartuschen, welche die besondere Aufmerksamkeit der Ägyptologen erregen.

Auf der Oberseite der Ringplatte stehen nämlich nebeneinander die Namen »Eje« und »Anches-en-Amun« – »ein übliches Zeichen der Verehelichung«, wie der Experte Peter Clayton zutreffend anmerkt. Eje (zirka 1325 – 1321 v. Chr.) war der unmittelbare Nachfolger Tutanchamuns und Großvater mütterlicherseits von Anches-en-Amun. Heiratete Eje also seine Enkelin? Fast ist man geneigt, dies zu bejahen. Doch so offensichtlich wie die Sachlage scheint, ist sie leider nicht. An der Echtheit des Rings sind nämlich berechtigte Zweifel aufgekommen. So legt Christine El Mahdy in ihrem Buch »Tutanchamun, Leben und Sterben des jungen Pharao« dar: »Aber dieser Ring wurde nicht bei einer Grabung gefunden. Er ist ein Unikat und stammt aus einer sehr dubiosen Quelle, nämlich von einem Händler, der in Ägyptologenkreisen als Lieferant vieler Stücke von fraglicher Echtheit gilt.« Daraus schlußfolgert die Ägyptologin: »Angesichts der zweifelhaften Echtheit des Rings ist es viel wahrscheinlicher, daß eine solche ›Heirat‹ gar nicht erst zustande kam.« Deshalb vertritt El Mahdy die Ansicht: »Als Beweisstück können wir den Ring getrost ignorieren.«

Die Autoren haben den Fall nachrecherchiert und können El Mahdys Angaben fast in vollem Umfang bestätigen. Allerdings mit einer wesentlichen Einschränkung: Daß der Ring ein Unikat ist, ist eine unbewiesene Tatsachenbehauptung. Es gibt hingegen Indizien dafür, daß ein zweites Exemplar des Vermählungsrings existiert – und zwar ausgerechnet im Berliner Ägyptischen Museum! Herausgefunden hat das der Ägyptologe Bob Brier. Und der behauptet, er habe in Erfahrung gebracht, daß der Berliner Ring noch nie öffentlich ausgestellt worden sei.

Das freilich verwundert. Sollte der Ring echt sein, wäre es nämlich vollkommen unverständlich, der breiten Öffentlichkeit das Exponat vorzuenthalten. Immerhin wäre seine Bedeutung sensationell. Außerdem: Welches Museum würde es sich entgehen lassen, ein Objekt mit dem Namen der Gemahlin von Tutanchamun und gleichzeitig einer Tochter der Königin Nofretete auszustellen – zumal ja Nofretete als »Wahrzeichen« des Berliner Ägyptischen Museums zu betrachten ist. Sind sich die Berliner Fachleute etwa nicht einig über die Einschätzung der Pretiose? Überraschen würde es nicht.

Auch andere Fachleute haben mit dem Kleinod ihre Probleme. Cyril Aldred etwa erwähnt den Heiratsring in seinem Echnaton-Werk, bewertet und kommentiert ihn aber nicht eingehender. So geht also auch hier ein tiefer Meinungsriß durch die Wissenschaft.

Das ist in diesem Fall absolut plausibel, steht doch der Newberry-Ring auf der Verlustliste. Nachdem ihn Newberry aufgespürt hatte, verschwand er nämlich ebenso rasch wieder im undurchsichtigen Handel von Kairo. Handelt es sich bei dem Exponat nun um den Newberry-Fingerschmuck oder doch nicht?

Abbildung 69
Anmutig und schön:
Königin Nofretete, deren
Name in Kartuschen neben
dem von Anches-en-Amun
auftaucht. Hat sie mit ihrer
Tochter eine sehr kurze
Doppelherrschaft über das
Alte Ägypten ausgeübt?
Bild: Alex, pixelio.de

Bob Brier geht davon aus, daß hier eher ein zweites Exemplar dieser Serie aufgetaucht ist. Er verweist darauf, daß Newberry den Ring in einem Brief an den Tutanchamun-Entdecker Howard Carter als »blau glasiert« bezeichnete. Doch das Exemplar, das Brier in Berlin vorgelegt wurde, »ist weiß«. Er merkt aber an: »Ich konnte schwache Spuren der ursprünglichen blauen Farbe entdecken, die weitgehend verschwunden ist.« Eventuell durch Oxidation? Könnte es sich also doch um Newberrys Ring handeln? Oder ist der Vermählungsring nur eine gut gelungene Fälschung?

Und das ist genau wieder dieser Punkt, der Kritik erregt. Es werden zwar jedes Jahr von den wichtigsten Museen Millionen an Euros für Neuerwerbungen ausgegeben, die wissenschaftliche, interdisziplinäre Befundung bleibt jedoch auf der Strecke. Gravuren beispielsweise lassen sich mit naturwissenschaftlichen Methoden in ihrem Alter eingrenzen, Farbreste können chemisch analysiert werden. Wäre es da nicht besser, auf den Erwerb des einen oder anderen Exponats zu verzichten und das Geld in verbesserte Untersuchungsmethoden zu investieren? Wir haben in diesem Kapitel deutlich gesehen, wie eminent bedeutungsvoll es ist, antike Relikte richtig zu kategorisieren. Aber wir haben auch gesehen, wie schwierig das ist. Wenn dann noch persönliche Ideologien eine Rolle spielen, kann niemand mehr das notwendige Maß an Objektivität aufbringen, das für eine neutrale Expertise die unabdingbare Grundvoraussetzung sein sollte. Die Entscheidung »Original oder Fälschung?« darf sich deshalb nicht, wie häufig festzustellen ist, am individuellen Geschichtsbild orientieren.

Allerdings soll an dieser Stelle nicht der Eindruck erweckt werden, als würden die Autoren hier allein das hohe Lied der Naturwissenschaften singen. Denken wir nur an die C^{14}-Methode zur Altersbestimmung archäologischer Funde. Dabei handelt es sich um die Radiokohlenstoffdatierung oder Radiokarbonmethode, die von dem Forscher Willard Frank Libby 1949 entwickelt wurde und wofür er 1960 den Nobelpreis in Chemie erhielt. Bei dieser Methode wird auf der Basis des radioaktiven Zerfalls des Kohlenstoff-Isotops C^{14} der Todeszeitpunkt organischer Materialien bestimmt. Vor allem in der Archäologie wird diese Technik sehr häufig zur Altersbestimmung angewandt.

Abbildung 70
Der berühmte Newberry-Ring.
Auf seiner Oberseite stehen die Namen »Eje« und »Anches-en-Amun« nebeneinander, was bedeuten würde, daß der Großvater seine Enkelin geheiratet hat. Doch an der Echtheit des Rings bestehen ernsthafte Zweifel.
Bild: bpk/Ägyptisches Museum und Papyrussammlung, SMB/Margarete Büsing

Heute wissen wir, daß diese Methode aber auch ein erhebliches (Ver-)fälschungspotential in sich birgt. Besondere klimatische Bedingungen, um nur eine Möglichkeit aufzuzeigen, können zu völlig irrelevanten Werten führen.

Auch andere Verfahren aus dem physikalischen Bereich sind längst nicht immer der Weisheit letzter Schluß. Erinnert sei in diesem Zusammenhang an den völligen Fehlschlag des Nobelpreisträgers Luís Alvarez. Im Jahre 1968 versuchte er – unter Zuhilfenahme eines für damalige Zeiten hochmodernen Computers – mittels Strahlenmessung noch unbekannten Kammern in der Chephren-Pyramide von Gizeh auf die Spur zu kommen. Das untersuchte Gestein aber war viel zu feucht; dementsprechend lieferten die Meßreihen ständig wechselnde Daten und waren somit vollkommen unbrauchbar.

Abbildung 71
Die Chephren-Pyramide: Hier versuchte Nobelpreisträger Luís Alvarez,
noch unbekannten Kammern auf die Spur zu kommen – allerdings
vergeblich.
Bild: Jörn Krause, pixelio.de

Wer verbirgt sich hinter Anches-en-Amun?

Wir sehen: Ohne den Einsatz kompetenter, objektiver Experten geht es nicht. Häufig vor allem nicht in jenen Fällen, in welchen die Fälschung gewissermaßen Bestandteil des Originals ist.

Abbildung 72
Bis zum Innersten vorgedrungen: Die letzte Ruhestätte von Pharao
Chephren. Ob es dort weitere Kammern gibt, ist bislang unbekannt.
Bild: Archiv Erich von Däniken

So verhält es sich auch bei einem der bekanntesten Möbel, das uns aus der Zeit des Alten Ägypten überliefert ist – dem goldenen Thron des Tutanchamun.

Wäre seine Herkunft nicht zweifelsfrei das Grab Tutanchamuns, so sind wir überzeugt, würde ihn der eine oder andere Ägyptologe sicherlich als moderne Fälschung klassifizieren. Cyril Aldred mutmaßte bereits 1968, daß der Stuhl aus dem Besitz von Tutanchamuns möglichem Vorgänger Semenchkare stammen würde und der neue Besitzer das Möbel »mit gewissen Änderungen versehen« habe.

Und der Autor Philipp Vandenberg wirft 1978 in seinem Buch »Der vergessene Pharao« berechtigterweise die Frage auf: »Wie kam dieser Thron ins Grab?«

Falls der Stuhl tatsächlich ein Thron war, dürfte es ihn nach (noch immer) vorherrschender Lehrmeinung gar nicht geben. Auf der Rükkenlehne ist nämlich Anches-en-Amun abgebildet, wie sie liebevoll ihren Gatten, König Tutanchamun, salbt. Beide werden umstrahlt von Gott Aton, der mittig über ihnen als Sonnenscheibe abgebildet ist.

Aton aber war der verhaßte Gott des Ketzerkönigs Echnaton! Wenn Tutanchamun als Echnatons Sohn auch die erste Hälfte seines Lebens den Namen Tutanchaton trug, so wäre es dennoch unmöglich, daß

Abbildung 73
Wenn dieses Statuette von Anches-
en-Amun echt ist, müssen die
Ägyptologen das Ende der
Amarna-Zeit neu bewerten.
Bild: Im Archiv der Verfasser

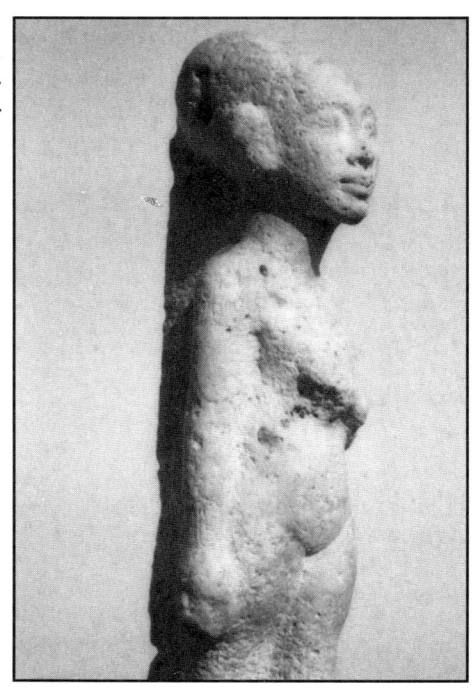

Aton nach der Wiedereinführung der alten Religion noch auf einem
Möbel abgebildet wurde, das sowohl die Staatsmacht symbolisierte
wie auch den persönlichen Rechtsanspruch des jeweiligen Königs. Allein schon die gesamte Priesterschaft der traditionellen ägyptischen
Götter hätte gegen die Existenz einer derartigen Szene auf dem Reichs-
thron schärfstens protestiert – mehr noch: Sie hätten seine sofortige
Zerstörung eingefordert.

Stattdessen beließ man sogar den Geburtsnamen »Tutanchaton«
auf dem goldenen Stuhl und fügte ihm nur den Namen »Tutanchamun« hinzu. Damit stehen Aton und Amun *vereint* auf dem vielleicht bedeutendsten Machtsymbol des Königs.

Somit widerspricht allein schon die bloße Existenz des märchen-
haften Stuhls all dem, was wir über das Ende der Amarna-Periode zu
wissen glaub(t)en. Das »Ägyptologen-Urgestein« Sir Alan Gardiner hielt
es immerhin noch 1963 für »denkbar, daß Echnatons Leichnam in
Stücke gerissen und den Hunden zum Fraß vorgeworfen wurde«. Mord

und Totschlag sind häufige Begleiterscheinungen, wenn von Echnatons Ableben die Rede ist. Der britische Ägyptologie Nicholas Reeves aber interpretiert die Fundlage als Vertreter einer neuen Sichtweise vollkommen anders. Reeves wörtlich: »Im Gegensatz zur allgemeinen Auffassung gibt es jedoch Anzeichen dafür, daß das Arrangement des jungen Königs [gemeint ist Tutanchamun, *Anm. d. Verf.*] mit dem alten Regime kein *völliges* Verwerfen der religiösen Vorstellungen seines Vaters bedeutete. Der eindeutigste Beleg dafür ist der prächtige goldene Thronsessel (der ursprünglich für Echnaton selbst angefertigt wurde), der nicht nur die alte Ikonographie der Aton-Religion mit der vielstrahligen Sonnenscheibe bewahrt hat, sondern in der Ausgewogenheit seiner endgültigen Ausführung auch die beiden Namensformen ›Tutanchaton‹ und ›Tutanchamun‹ gleichberechtigt nebeneinander gelten läßt.«

Der Stuhl ist der optisch eindrucksvollste Beleg für unsere obige Feststellung, daß ein historisch brisantes Artefakt die Einschätzung

Abbildung 74
Stellt die Fachwelt immer noch vor ungelöste Rätsel: der Thronsessel von Tutanchamun.
Bild: The Egypt Archive

ganzer Historienabschnitte verändern kann – falls man den Objekten glauben darf. Unbestritten ist mittlerweile: Der Thron wurde mehrfach manipuliert. Sämtliche Veränderungen wurden im Altertum vorgenommen. Der deutlichste Beweis ist die Abbildung von Königin Anches-en-Amun auf der Rückenlehne. Wieder gibt uns die adelige Dame Rätsel auf. Ist es wirklich sie, die hier zu sehen ist? Oder war hier zuvor ein anderes Konterfei abgebildet? Letzteres scheint sicher, denn entlang der Nackenpartie, über den gesamten Hinterkopf bis hin zum Kronenaufsatz, sind eindeutige Manipulationen zu erkennen. Hinzu kommt: Die der damaligen Mode entsprechenden Bändchen,

Abbildung 75
Wurde mehrfach manipuliert: der berühmte Thron von Tutanch-amun. Der deutlichste Beweis ist die Abbildung von Königin Anches-en-Amun auf der Rückenlehne. Hier ist deutlich zu sehen, daß die für die damalige Mode so typischen Bändchen nicht – wie sonst üblich – aus dem Nacken, sondern aus dem Rücken austreten.
Bild: Archiv Stanglmeier

die sonst stets aus dem Nacken austreten, scheinen bei Echnatons dritter Tochter an der Schulter verankert. Der Grund ist einfach. Der Bandansatz im Nackenbereich wurde bei den Veränderungen verdeckt.

Derartige Eingriffe sind heute in der Ägyptologie ein »alter Zopf«, sind sie doch für jedermann erkennbar. Was das Antlitz der Königin hingegen anbelangt, fällt die Einschätzung der Experten nicht ganz so einmütig aus. Das Profil zeigt zweifellos eine sehr liebreizende Person, die allerdings, wenn man sie mit dem Gesicht von Tutanchamun vergleicht, schon dem Teenageralter entwachsen zu sein scheint. Zwar war Anches-en-Amun tatsächlich älter als ihr mutmaßlicher

Abbildung 76
Familienidyll im Alten Ägypten: Echnaton (rechts),
seine Gemahlin Nofretete (Mitte) und Meritaton
(links), eine der älteren Schwestern von Anches-en-
Amun, stehen unter den lebenspendenden Strahlen
des Sonnengottes Aton.
Bild: Archiv Erich von Däniken

Halbbruder, aber so weit lag die Geburt der beiden auch wieder nicht auseinander. Was gemeint ist, wird am deutlichsten, wenn man andere Abbildungen der Königin auf Objekten aus Tutanchamuns Grab betrachtet. Die Gesichtszüge sind dort runder, weicher, jugendlicher. Jedenfalls fällt es schwer, das Gesicht von Anches-en-Amun auf dem Königssessel mit dem auf einem ebenfalls zum Grabinventar von Tutanchamun zählenden Elfenbeinkästchen gleichzusetzen.

Neben dem STT-Skarabäus bleibt der Thron aus Tutanchamuns Gruft somit eines der rätselhaftesten Objekte der Ägyptologie. Mit Sicherheit war er einmal oder gar mehrmals Gegenstand von Fälschungen – von Fälschungen aber, die vor über 3.000 Jahren vorgenommen wurden. Könnte der Thron sprechen, er wäre mit Sicherheit der Schlüssel zu den Ereignissen während der letzten Regierungsjahre von Echnaton.

Eine Lanze für die »Schreibtischägyptologie«

Wir haben in den letzten Kapiteln versucht aufzuzeigen, wie enorm wichtig die richtige Einstufung und Einschätzung von Aegyptiaca ist. Wir haben aber leider auch feststellen müssen, daß hier der Hase im Pfeffer liegt. Original oder Fälschung ist häufig eine Frage der individuellen Ansicht, weniger der objektiv ermittelten Ergebnisse.

Auch wenn es manchen Leser überraschen mag, die Autoren plädieren deshalb für eine massive Aufwertung der Schreibtischägyptologie. Wir rufen in diesem Zusammenhang ganz bewußt noch einmal die Feststellung der wissenschaftlichen Publizistin Heide Streiter-Buscher in Erinnerung: »Schreibtischarchäologie ist gewiß nicht jedermanns Sache. Es wird die Ägyptologie aber wahrscheinlich ein ganzes Stück weiterbringen, wenn sich ihre Jünger künftig mehr der mühsamen Auswertungsarbeit als weiterer Entdeckerfreuden an Ort und Stelle hingeben.«

Wie dringend notwendig das ist, soll das nächste Kapitel zeigen, oder sollten wir besser sagen: Wie dringend notwendig das ist, zeigt der nächste Skandal? Denn als solchen bezeichnen wir die Nachlässigkeit, mit der die Ägyptologie mit ihren Funden umgeht.

Post Scriptum

Die im Jahr 2005 entdeckte neue Grabanlage im Tal der Könige, KV 63 genannt, wurde von Anfang an mit Anches-en-Amun in Verbindung gebracht. Doch erste Vermutungen, es könne sich um ihre letzte Ruhestätte handeln, haben sich bis heute nicht bestätigt.

Allerdings steht die rätselhafte Königin in irgendeinem Zusammenhang mit der Gruft. Man entdeckte bei den Ausräumungsarbeiten von KV 63 nämlich einen unvollständigen Siegelabdruck, auf dem noch der Namensrest »pa-Aton« zu lesen ist.

Anches-en-Amun trug bis zu ihrer Vermählung mit Tutanchamun den Namen Anches-en-pa-Aton. Wer immer also auch ursprünglich in KV 63 beigesetzt wurde, es handelt sich in jedem Fall um eine Person, die mit der Jugendzeit von Echnatons und Nofretetes dritter Tochter in Verbindung stand.

Auf der anderen Seit gibt es bislang keinerlei Beweis dafür, daß in KV 63 überhaupt jemals eine Bestattung stattgefunden hat. Wie aber kommt dann das Namenssiegel der Königin in diese vermeintliche Gruft, die letztlich nur als Depot genutzt wurde – falls überhaupt? Anches-en-Amun bleibt ihrem Ruf als eine der rätselhaftesten Frauen des Alten Ägypten treu …

10. Kapitel

Götter, Gräber und Ganoven
Die Ägyptologie
am Rande des Zusammenbruchs

Die Gentlemen bitten zur Kasse

In Ägypten gehen die Uhren etwas anders. Die Frage nach dem ältesten Gewerbe der Welt wird dort mit »Grabraub« beantwortet. Und tatsächlich ist diese Tradition seit ungefähr 3.200 Jahren sogar aktenkundig. Die kriminellen Machenschaften sind bereits in den als »Grabräuberprozesse« titulierten Papyri aus dem 12. Jhd. v. Chr. festgehalten. »Wir fanden die ehrwürdige Mumie dieses Königs«, heißt es in den Protokollen recht anschaulich, »mit einer langen Reihe von Amuletten und Schmuckstücken am Hals und den Kopf mit Gold bedeckt. Wir rissen das Gold ab, das wir an der ehrwürdigen Mumie dieses Gottes fanden.« Die Täter kamen aus sämtlichen armen Schichten der damaligen Bevölkerung: Steinmetze, Tagelöhner und Diener griffen in dunklen Nächten nach dem Gold der Pharaonen. So dachte man noch bis vor ungefähr zwanzig Jahren. Heute wissen wir: Die armen Teufel bildeten nur die Spitze der »Räuberpyramide«. Gemäß der juristischen Devise »Die Kleinen fängt man, die Großen läßt man laufen« waren diese vom Schicksal benachteiligten Menschen, die damals kaum Rechte genossen und noch viel weniger Lohn für ihre Dienste entrichtet bekamen, lediglich die ausführenden Organe.

Ihre erstklassigen Informationen über Gräber und Schatzverstekke erhielten sie dagegen aus den oberen Etagen der Gesellschaft. Beamte, Bürgermeister und sogar Wesire machten im Verbund mit den ehrwürdigen Hohepriestern den größten Reibach. Selbstredend blieben diese »Gentlemen« in den allermeisten Fällen für ihre Untreue unbehelligt und genossen ihr luxuriöses Leben in vollen Zügen.

Seither hat sich daran nicht viel geändert. So vermeldete bereits im Juli 1974 die Nachrichtenagentur »Associated Press«: »Die ägyptische Regierung hat rund tausend ehemalige Soldaten zur Verstärkung der Wachen um antike Stätten des Landes abgestellt. Die Maßnahme erfolgte auf Grund der zunehmenden Zahl von Diebstählen von Altertümern.« Nach Vermutungen der Polizei steckten dahinter vor allem Händlerringe in Europa und den USA.

Doch wie soll man etwas schützen, wenn die Bewacher selbst Mitglieder der »Langfinger-Gang« sind? Diese Frage stellte sich die ägyptische Regierung auch im Jahre 1995 wieder. Anlaß dazu gab die Aufdeckung international operierender Schieberringe. An dem illegalen Antikentransfer beteiligt waren ein hoher Beamter des Supreme Council of Antiquities und ein ägyptischer Polizeioffizier. Der Beamte operierte auf dem Sakkara-Friedhof im Bereich der Stufenpyramide des Pharaos Djoser (zirka 2668 – 2649 v. Chr.).

Und heute bietet sich einem das gleiche Bild: Im August 2005 wurde, um nur ein aktuelles Beispiel zu nennen, wiederum ein Spitzenbeamter des SCA zu vierzig Jahren Gefängnis verurteilt. Den Ermittlungen zufolge hatte er in unbekannter Zahl Bescheinigungen ausgestellt, in denen die echten Kunstobjekte als moderne Duplikate klassifiziert wurden. Der Mann war Mitglied einer Schmugglerbande, die Hunderte von Objekten aus der Pharaonenzeit außer Landes schaffte, wo sie dann auf dem Antiquitätenmarkt feilgeboten wurden. In den Depots der kriminellen Vereinigung stießen die Fahnder auf nicht weniger als 57.000 Objekte, die allesamt beschlagnahmt wurden.

Bereits Mitte der 1970er Jahre hat Professor Dietrich Wildung, der Direktor des Ägyptischen Museums Berlin, versucht, breitere Schichten über die Problematik zu informieren. In einem Beitrag der

Abbildung 77
Die Stufenpyramide des Pharaos Djoser auf dem Sakkara-Friedhof: Hier operierte ein hoher SCA-Beamter mit dem illegalen Transfer altägyptischer Artefakte.
Bild: Thomas Kühn

Zeitschrift »Bild der Wissenschaft« führte er aus: »Die Räuber werden immer gerissener. … Eine jahrtausendealte Grabräubertradition verbindet sich heute mit technischer Raffinesse und internationalem Management.« Wildung beschrieb die Situation recht treffend – keine Frage: Der Mann kennt sich aus. Ganz im Gegensatz zu einem seiner Kollegen, wie der halbamtlichen ägyptischen Informationspostille »Al Ahram Weekly« zu entnehmen ist. Die ließ ihre Leser im Jahre 2003 wissen: »Der ägyptische Kulturminister Farouk Hosni hat erklärt, daß seine Behörde im Bemühen, antike Funde vor dem illegalen Transfer ins Ausland zu bewahren, auch davor nicht mehr zurückschrecke, ausländischen Archäologen die Grabungslizenz zu entziehen. Der britische Archäologe Nicholas Reeves sei etwa davon betroffen, nachdem er dem Schmuggler Frederick Schultz geholfen hat. Und auch der deutsche Experte Dieter Weldung habe die harte Gangart des Ministeriums in Kairo zu spüren bekommen, weil er verdächtigt wird, zahlreiche gestohlene Objekte, darunter auch einige in Fayoum im Jahre 1985 ausgegrabene Bronzestatuen aus der 12. Dynastie, gekauft zu haben.«

Illegale Antikentransfers? Durch Ägyptologen? In unseren Zeiten? Für Kenner der Szene ist das keine Überraschung. Allerdings hören und verstehen manche Ägyptologen die Zeichen der Zeit offensichtlich besser und früher als andere. Bereits im Jahre 2000 legte der Berliner Wissenschaftler Rolf Krauss auf der »ständigen Ägyptologenkonferenz« in Heidelberg eine weitreichende Resolution vor. Darin forderte er seine Zunftgenossen auf, sich von kriminellen Machenschaften wie illegalem Diebstahl, Handel und Schmuggel von Kulturgütern zu distanzieren.

Mit seiner Forderung unternahm Krauss den Versuch, mit den ungesetzlichen Traditionen der Ägyptologie zu brechen. Was sich teilweise in der Vergangenheit und, wie wir aufzeigten, auch in unseren Tagen abspielte, ist blankes ägyptologisches Desperado-Verhalten. Herausgegriffen sei hierzu exemplarisch das bereits mehrfach erwähnte Gräberfeld von Abydos. Diesbezüglich schreibt Nicholas Reeves: »Seit der Zeit Napoleons hatte Abydos die Aufmerksamkeit ganzer Heerscharen von Ausgräbern auf sich gezogen und war wegen seiner handlichen Fundstücke in den Piratentagen des frühen 19. Jahrhunderts mit besonderer Rücksichtslosigkeit ausgebeutet worden.«

Abbildung 78
Auch Abydos mit dem Osireion lockt seit dem 19. Jahrhundert immer wieder
zwielichtige Gestalten mit unlauteren Absichten an.
Bild: The Egypt Archive

Einer dieser Aegyptiaca-Piraten war der Ägyptologe Emile Améli-
neau. Im letzten Quartal des 19. Jahrhunderts grub er in Abydos im
Bereich von Umm el-Gaab. Dabei stieß er durch Zufall auf das Grab
des Herrschers Djer (zirka 3030 v. Chr.), dem mutmaßlich zweiten
König der 1. Dynastie. Es war nur das erste einer ganzen Serie von
Königsgräbern jener Epoche, die der Franzose erkundete – und in denen er regelrecht wütete. Das behauptete jedenfalls sein englischer
Nachfolger auf diesem Grabungsareal, der bekannte Forscher Flinders
Petrie. Aus seinen der Nachwelt erhalten gebliebenen Aufzeichnun-
gen läßt sich ableiten, wie verächtlich sein Vorgänger »archäologisch«
zu Werke ging: »Die Tonkrüge waren zerschlagen, erklärtermaßen, um
zu verhindern, daß jemand anderes sie bekam. Die interessantesten
Überreste von Djers Kammer aus Holz … sind restlos verschwunden. Die Ebenholztafeln von Narmer oder Nemes waren allesamt zer-
brochen worden und auf den Abraum geworfen.«
    Nicht viel besser stellte sich die Situation an einer anderen Stelle,
zu einer anderen Zeit dar. Nach Öffnung der Gruft von Pharao Tut-

anchamun im Jahr 1922 bedienten sich die »Gentlemen-Entdecker« Howard Carter und sein Mäzen Lord Carnarvon kräftig aus dem königlichen Inventar. Das ist zwischenzeitlich weithin bekannt. Längst nicht so verbreitet ist hingegen die Tatsache, daß Carter bei der Arbeit häufig gerade jene Sorgfalt vermissen ließ, die man ihm stets zuschrieb. Zum Beispiel verschleierte der Tutanchamun-Entdecker, daß er und weitere drei Personen in der Nacht nach der Graböffnung den gesamten Grabkomplex inspizierten, um ihre Neugierde zu befriedigen. Um diesen Konzessionsbruch zu verschleiern, veränderte Carter die Fundsituation dramatisch – und beging somit die größte archäologische Todsünde. Bis heute überbieten sich die Wissenschaftler in Schätzungen, wie groß der Informationsschaden ist, den Howard Carter damals skrupellos anrichtete.

Eines jedenfalls steht fest: Zumindest in dem als Vorkammer bezeichneten Raum wurde etwa ein Viertel der Objekte gegenüber ihrer ursprünglichen Lage neu positioniert. Das ist nicht nur eine Schande, das ist ein handfester Skandal.

»Immer wieder durch die Magazine geistern«

Das größte Problem der Ägyptologie ist jedoch ihre Fundquantität. Angeblich (die genaue Zahl weiß niemand) existieren in Ägypten heute über 120 mehr oder minder große Magazine, die vom Boden bis unter die Decke vollgestopft sind mit Kemets Antiquitäten. Allein schon die Bewachung dieser sowohl touristisch wie auch wissenschaftlich zum größten Teil ungenutzten Bestände kostet den ägyptischen Staat jährlich ein kleines Vermögen. Hinzu kommen noch die Denkmäler und Monumente, seien es der Karnak-Tempel oder die Knickpyramide des Snofru (zirka 2613 – 2589 v. Chr.) in Dahshur. In der Übersetzung bedeutet das Material genug für mindestens 120 Museen! Wer sollte sie finanzieren und wer unterhalten? Um auch nur annähernd eine Vorstellung von den Dimension zu bekommen, sei angemerkt, daß diese rund 120 »Lager-Magazin-Museen« fast dem Ist-Stand der gegenwärtig rund um den Globus eingerichteten Museen beziehungsweise Museumsabteilungen zum Thema »Das Alte Ägypten« entsprechen. Nicht einmal ein Bill Gates könnte das notwendige Geld für dieses Mammutprojekt aus der vielzitierten Portokasse begleichen – und der ist als Gründer des Software-Konzerns Microsoft immerhin der gegenwärtig reichste Mann der Welt.

Wenn man sich dann noch vor Augen führt, daß auch die bereits bestehenden Museen über Bestände in ihren Magazinen verfügen, die um ein Vielfaches die Anzahl der von ihnen tatsächlich ausgestellten

Abbildung 79
Die Tempelanlage von Karnak ...
Bild: The Egypt Archive

Abbildung 80
... und die Knickpyramide von Pharao Snofru in Dahshur sind nur
zwei Beispiele für die unzähligen Monumente, deren Unterhalt
und Sicherung den ägyptischen Staat Jahr für Jahr ein kleines
Vermögen kosten.
Bild: The Egypt Archive

Exponate übertreffen, kann man entfernt erahnen, um welche Dimensionen es sich hierbei handelt. Dagegen war sogar die Versetzung der Tempel von Abu Simbel in den 1960er Jahren noch kostengünstig.

Dennoch wäre die »Investition in die Vergangenheit« wohl lohnend, denn die SCA-Fahnder gehen davon aus, daß mehr Anticas Jahr für Jahr durch illegalen Antiquitätenverkehr dem ägyptischen Staat abhanden kommen, als durch archäologische Grabungen und eine entsprechende zusätzliche Bewachung zu sichern sind.

Andererseits muß man den Tatsachen ins Auge sehen – und zwar ohne Scheuklappen. Fakt ist: Ägypten verkraftet auf Dauer seine kulturelle Hinterlassenschaft *nicht*. Es ist quantitativ einfach viel zu viel vorhanden. Es wäre leicht, an dieser Stelle ein glühendes Bekenntnis gegen den Verkauf von Artefakten an Einzelpersonen, Interessensgruppen, wissenschaftliche Einrichtungen und Institutionen abzulegen. Wir tun es nicht. Aus dem einfachen Grund, weil das an der vertrackten Situation nichts ändert. Den illegalen Antikentransfer kann man nur dadurch ausmerzen, indem man den Markt weitgehend zufrieden stellt. Nein, deswegen besteht längst noch keine Gefahr, daß etwa der Goldthron Tutanchamuns an einen freigiebigen Öl-Multi in Dallas oder einen der bei Auktionen so gerne anonym bleibenden Investor aus Fernost verhökert wird. Aber die kontrollierte Fundteilung mit den in Ägypten aktiven Grabungsteams wäre immerhin ein erster Schritt in die zwar nicht richtige, aber gleichwohl notwendige Richtung. Freilich müßten zuvor die ägyptologischen Voraussetzungen wie fotografische Erfassung, Analyse und Konservierung in vollem Umfang erfolgen und abgeschlossen sein. Auch die Zusammenführung von Artefaktteilen zählt dazu. Mehr als nur ein löbliches Beispiel hat hier im Jahre 2006 das Ägyptologische Institut der Universität Tübingen gegeben. Die Schwaben überließen der ägyptischen Antikenbehörde fünf Relieffragmente. Sie stammen allesamt aus KV 17, dem Grab des Pharaos Sethos I. Sie sollen (falls nicht schon erledigt) dort auch wieder an ihrer ursprünglichen Position eingesetzt werden.

Wir halten wahrlich nichts von Räubertum, Hehlerei und Schmuggelei. Aber wir halten auch nichts davon, die Situation zu beschönigen. Wie viele Objekte in Ägypten und andernorts gehen jahrein, jahraus verloren oder werden zerstört, weil sie unsachgemäß gelagert

wurden oder die entsprechenden Sicherungssysteme versagten? Die
traurige Realität ist doch die, daß maximal zehn Prozent des weltweit
Vorhandenen noch sachgemäß konserviert und ausgestellt werden.

Schlimmer noch: Im Berliner Ägyptischen Museum (und nicht nur
dort) stehen noch unzählige Kisten mit Material herum, die noch nicht
einmal ausgepackt sind. Dennoch sträubt sich Prof. Dietrich Wildung,
der Leiter eben dieses Museums, gegen eine Abgabe von unwichtige-
ren Teilen. »Was heute nach Gerümpel aussieht«, argumentierte er im
Jahre 2002 in einem Interview, »kann sich in ein paar Jahren als wichtiger Mosaikstein in einem archäologischen Puzzle herausstellen.
Deshalb gibt es nichts Spannenderes, als immer wieder durch die
Magazine zu geistern.«

Grundsätzlich hat Wildung recht – und zwar uneingeschränkt. Und
dennoch liegt er falsch, weil er nicht bereit ist, die unerfreuliche Realität zu akzeptieren und gemäß der Situation zu handeln. Ob in Ägyp-

Abbildung 81
Antike Friedhöfe wie jener von Dra Abu'n-Naga locken nach wie vor Schmuggler an,
welche die gefundenen Artefakte dann über Mittelsmänner auf den internationalen
Märkten anbieten.
Bild: Th. Muschick & S. Baruth (www.isis-und-osiris.de)

ten oder in Berlin – überall sind die Kapazitäten begrenzt oder ausgeschöpft. Warum sich nicht von Altlasten (die Autoren betonen nochmals: nach deren Dokumentation und Restaurierung) befreien und mit den dabei erzielten Einnahmen mehr Fachpersonal, modernes Equipment oder Räumlichkeiten für eine sachgerechte Lagerung wertvoller wissenschaftlicher Funde finanzieren? Weiter jedoch nach der Methode »Gier, Schlund & Raffke« zu verfahren, ist nicht nur veraltet, sondern steht, wie wir gesehen haben, einer wissenschaftlichen Bearbeitung diametral entgegen. Wer sich zur Abgabe von Beständen nicht durchringen kann, trägt ungewollt dazu bei, daß der illegale Antikentransfer weiter blüht.

Und das tut er in voller Pracht! Die Wege sind verschlungen. Aber Dank der (äußerst gefährlichen) Aufklärungsarbeit der Sicherheitsdienste und Kriminalisten, können wir heute den Weg des antiken Raubguts nachvollziehen. Ausgangspunkt ist dabei – wie sollte es auch anders sein – das Land am Nil. Hier wird die Schmuggelware im matten Schein von Laternen entweder auf den alten Friedhöfen ausgegraben oder in den bestehenden Depots entwendet. Der zwielichtige Handel, auch schon mal in den verwinkelten Gassen der Basare von Kairo ausgeführt, blüht unvermindert. Von Ägypten aus wird das antike Frachtgut oder genauer gesagt, das antike Raubgut, per Flugzeug oder per Schiff außer Landes meist nach Europa versandt. Ein nicht unerheblicher Teil der »heißen Ware« soll – sogar als Diplomatengepäck deklariert – das Land in Koffern von Mitarbeitern diverser Botschaften verlassen.

Drehscheibe Zürich

In Europa hat sich nach den Erkenntnissen der europäischen Polizeibehörde »Europol« seit dem Jahrtausendwechsel die Schweizer Metropole Zürich zur größten Drehscheibe im internationalen Schmuggelgeschäft mit Aegyptiaca entwickelt. Auktionshäuser in London verkaufen die Ware ihrer anonymen Klientel dann an »ehrenwerte« Händler – zumeist in den USA, wo der Antikenmarkt schier unersättlich ist. Die Zwischenhändler in New York verdienen sich an dem Geschäft mit Privatpersonen und Museen eine goldene Nase.

Nur in seltenen Fällen, und dabei eher zufällig, gelingt es, entwendete Objekte wieder aufzugreifen – oft erst nach vielen Jahren. So geschehen im Fall eines Königinnenkopfes aus der Ära Ramses II., wie britische Medien im Jahre 2001 vermeldeten: »Der von international operierenden Schmugglern 1992 aus einem Magazin in Sakkara gestohlene Königinnenkopf aus der 19. Dynastie«, so ist in den entsprechenden Artikeln nachzulesen, »ist unter Mithilfe von ›Scotland Yard‹ wieder aufgespürt worden. Der Kopf war durch einen Tonüberzug als moderne Replik getarnt nach England gebracht worden. Analysen des British Museum bestätigten jedoch die Echtheit des Objekts. Die Granitbüste, die wahrscheinlich das Haupt von Königin Nefertari oder das der Tochter Ramses' II., Merit-Amun, darstellt, wurde daraufhin kürzlich an Ägypten zurückgegeben.«

Abbildung 82
Der zwielichtige Handel mit Aegyptiaca beginnt häufig in den verwinkelten Basaren von Kairo …
Bild: Wolfgang Hartmann, pixelio.de

Abbildung 83
… von wo aus die heiße Ware zumeist nach Zürich, der größten Drehscheibe im internationalen Schmuggelgeschäft, gebracht wird.
Bild: manwalk, pixelio.de

Doch solche Erfolge sind eher selten und vernebeln die Realität. Wo Millionenwerte relativ primitiv gesichert lagern und von korruptem Personal bewacht werden, haben Diebe leichtes Spiel. Noch seltener gelingt es jedoch, den Hintermännern des kriminellen Handelns ihr schurkisches Handwerk zu legen. Im Jahre 2003 gelang einer dieser seltenen Fälle. Im Mai des besagten Jahres konnten ägyptische Polizisten eine Bande von Antiquitätenhändlern, die über ausgezeichnete Verbindungen in die Schweiz, nach Frankreich und sogar nach Kanada verfügte, dingfest machen. Die Schmuggler bezogen ihre Hehlerware aus den einschlägigen Stätten wie zum Beispiel in Luxor. Dabei wurden pro Artefakt zwischen 100.000 und 1 Million Euro bezahlt. Der Chef der Bande wurde in flagranti erwischt, als er das Oberteil einer Göttinnenstatue in Empfang nahm.

Abbildung 84
In London verkaufen dann ehrenwerte Auktionshäuser die Artefakte an anonyme Zwischenhändler weiter ...
Bild: dragonmaster90, pixelio.de

Abbildung 85
... die sich vorzugsweise in New York eine goldene Nase damit verdienen.
Bild: ReaM, pixelio.de

Insgesamt konnten in Ägypten im Jahr 2002 nicht weniger als 78 Prozesse gegen Räuber, Schmuggler und Hehler durchgeführt werden. Das ist durchaus eine stattliche Zahl. Im Vergleich zu den tatsächlich begangenen Straftaten in diesem Bereich handelt es sich aber allenfalls um den berühmten Tropfen auf dem heißen Stein.

»Einen Vorteil haben diese illegal verhökerten Stücke aber«, sagte ein Zollmitarbeiter den Autoren. Und er fügte hinzu: »Irgendwann tauchen sie wieder im Kunsthandel auf – und dann können wir bei entsprechendem Kenntnisstand zuschlagen.«

Sogar von Mitgliedern äußerst begüterter Familien des Geldadels müssen bisweilen Kunstobjekte veräußert werden. So wurde 1989 eine altägyptische Figurengruppe aus der Sammlung eines französischen Generals (der Name ist den Autoren bekannt) im ehrwürdigen Londoner Auktionshaus Sotheby's angeboten. Damaliger Schätzwert: umgerechnet rund 230.000 Euro.

Sotheby's größtem Konkurrenten, Christie's, gelang es bereits zwei Jahre zuvor sogar, ein Objekt aus dem Grabschatz des Pharaos Tutanchamun anzubieten. Eines ist sicher: Das gute Stück konnte mit absoluter Sicherheit nicht legal in den Handel gekommen sein, da der gesamte Grabschatz des Königs in ägyptischen Besitz überging. Dafür hatten die Erben von Lord Carnarvon seinerzeit eine stattliche Ausgleichszahlung von der Regierung erhalten. Und Christie's Weltruf an Seriosität hätte bei der Auktion sicher einige Kratzer bekommen, wenn sich herausgestellt hätte, daß bei dem Auktionshaus Schmuggelware unter den Hammer gekommen wäre. Nun, wie dem auch sei: Das gute Stück wurde wenige Tage vor der Versteigerung tatsächlich aus der Auktion genommen. Man begründete diesen Schritt damit, daß »Zweifel an der Echtheit des Objekts aufgekommen« seien. Seitdem ist die verzierte Platte aus Goldblech nie wieder aufgetaucht. Was Christie's mit dem vermeintlichen Artefakt nach der Herausnahme aus dem Angebot getan hat, unterliegt der geschäftlichen Schweigepflicht. So entspricht es den Gepflogenheiten in diesem Metier.

Fassen wir zusammen:

- Die Ägyptologie hat es erfreulicherweise mit einer sehr hohen Fundquote an Aegyptiaca zu tun.
- Doch der Segen ist auch ein Fluch: Die in Ägypten und

vornehmlich im westlichen Ausland befindlichen Artefakte sind weder in vollem Umfang katalogisiert noch restauriert oder dokumentiert.

* Zahllose Objekte sind in völlig untauglichen Magazinen untergebracht – sowohl in Ägypten als auch in europäischen und nordamerikanischen Kultureinrichtungen.
* Die Mißstände sind derart gewaltig, daß die antiken Pretiosen Gefahr laufen, entweder durch unsachgemäße Lagerung zerstört zu werden oder durch Diebstahl verlorenzugehen.
* Aufgrund mangelhafter Sicherung der Depots durch inkompetentes Personal im Verbund mit ungeeigneten Kontroll- und Sicherungseinrichtungen nimmt die Diebstahlsquote stetig zu. Das Gleiche gilt für ungenügend überwachte Freilandstätten wie Sakkara oder das Tal der Könige.

Abbildung 86
Schmuggelgut beinahe unter dem Hammer:
Christie's wollte diese verzierte Platte aus
Goldblech aus dem Grabschatz von Tut-
anchamun versteigern, zog das Angebot
aber in letzter Minute zurück.
Bild: Archiv Stanglmeier

Der Ruf nach mehr finanziellen Mitteln in diesem Zusammenhang ist populär und verlangt keinen Arbeitsaufwand. Aber er ist viel zu kurz gegriffen. Geld kann keine Museen und keine Magazine bauen. Geld kann auch keine Restaurierungen vornehmen, geschweige denn Fachpersonal hervorbringen. Geld kann also lediglich die Rahmenbedingungen schaffen. Das bedeutet: Selbst wenn das Geld vorhanden wäre, würde es über ein halbes Jahrzehnt beanspruchen, bis mit den notwendigen Maßnahmen reibungsfrei und wirkungsvoll begonnen werden könnte.

Abbildung 87
Das Tal der Könige: einst eine bevorzugte Plünderstätte für antike und neuzeitliche
Grabräuber.
Bild: Thomas Kühn

Doch einmal von der Tatsache abgesehen, daß es sich niemand erlauben kann, Dutzende von ägyptischen Museen zu errichten, gibt es ja noch weitere Mängel. Denken wir nur an die Wachmannschaften: Sie erhalten im Monat ganze 500 Ägyptische Pfund – das sind ungerechnet gerade einmal 65 Euro – für ihre wahrlich nicht ungefährliche Arbeit. Bevor man den Stab über die tatsächlich existierende Korruptheit einiger dieser Männer bricht, sollte man sich erst einmal fragen, ob man selbst bereit wäre, selbst seine Haut für umgerechnet 65 Euro zu Markte zu tragen.

Ein Umdenken ist erforderlich – leider!

Die Autoren hoffen, daß es ihnen gelungen ist, einen Umdenkungsprozeß in der Ägyptologie zu beschleunigen. Natürlich
ist die alte Jäger- und Sammler-Mentalität psychologisch erklärbar
und auch verständlich. Sie bringt aber die Ägyptologie nicht weiter.
Mehr noch: Sie ist unverantwortlich gegenüber der pharaonischen
Hinterlassenschaft. Wenn man bedenkt, daß allein in Berlin rund
50.000 Papyrusrollen eingelagert sind, von denen gerade mal »10.000
oder 12.000 wissenschaftlich bearbeitet« (Professor Dietrich Wildung)
wurden, erkennt man die ganze Schizophrenie des Systems »Gier,
Schlund & Raffke«. Erfährt man dann zusätzlich, daß noch nicht einmal alle Rollen inventarisiert sind, muß man hinterfragen, ob die Ägyp-
tologie überhaupt noch ihrem Existenzanspruch gerecht wird. Von
Objektsicherung, Konservierung, Katalogisierung, Auswertung und
Publizierung kann angesichts derart desolater Zustände jedenfalls keine
Rede mehr sein.

Leider ist Berlin wahrlich kein Einzelfall. Das Ägyptische Museum in Kairo, so teilte uns ein Informant mit, hat zeitweise aus Platz-
mangel ankommende Relikte auf seiner vorgelagerten Grünfläche in
ausgehobenen Erdlöchern verstaut. Da muß zumindest die Frage gestellt werden, ob die Objekte in privater Sammlerhand nicht besser
aufgehoben wären.

Und die Situation wird nicht leichter. So geht in Deutschland der
Trend zur Zentralisierung der Institute. Das ist das Ergebnis der sogenannten Bologna-Reform, die vorsieht, kleinere wissenschaftliche Fä-
cher zu bündeln. Teilweise wurde dies bereits verwirklicht. In Trier
hat man ehemals eigenständige Institute wie Ägyptologie, Archäologie und Papyrologie in einem »Zentrum für Altertumswissenschaft« zu-
sammengefaßt. Das kann auf Dauer freilich keine Antwort auf die
Mißstände darstellen. Jedem Verantwortlichen müßte klar sein, daß
es schon fünf nach zwölf ist: Das System ist bereits zusammengebro-
chen! Es gilt nurmehr das Prinzip der Schadensbegrenzung.

Schuld an der Misere tragen aber nicht nur unzureichende Finan-
zen und zu geringe Personalausstattung. Es sind vielmehr die Ägyptologen selbst, die diese unhaltbaren Zustände heraufbeschworen haben.
Ihre Entdeckungs- und Sammelwut hat von Anbeginn an Vorrang vor

der wissenschaftlichen Bearbeitung gehabt. Und dieses Dilemma setzt sich fort. Wie wir bereits in *Kapitel 8* beschrieben haben, sind derzeit in ganz Ägypten rund 300 Ägyptologenteams tätig. Ein beträchtlicher Teil davon ist mit Restaurierungs- und Konservierungsaufträgen betraut. Die überwiegende Zahl widmet sich jedoch neuen Grabungen. Das bedeutet neue Funde, die neuerlich im Fundus (unsachgemäß gelagert) verschwinden und dort darauf warten, daß gewissenlose Aegyptiaca-Jäger sich ihrer bemächtigen und sie auf dem Schwarzmarkt verhökern. So beißt sich die Katze unaufhörlich selbst in den Schwanz.

Doch was schert das schon die Gilde? Man hat schließlich Wichtigeres zu tun. Professor Dietrich Wildung etwa. In einem Schreiben, das den Verfassern vorliegt, maßregelt er einen anderen Wissenschaftler, der in einem Aufsatz versehentlich zwei Registraturnummern von Objekten des Berliner Ägyptischen Museums miteinander verwechselt hatte. Wildung fordert den guten Mann abschließend in seinem Brief auf, künftig ägyptologische Belange mit seinem Hause abzugleichen.

Das sind also die wahren Probleme!

Angesichts des Dilemmas, in dem sich die Ägyptologie befindet, ist eine Veräußerung von Artefakten vielleicht ein gangbarer Weg, das Schlimmste zu verhindern, nämlich die Zerstörung, Verrottung und Beschädigung von wertvollen Aegyptiaca. Dies gilt freilich nur für den Fall, daß die Objekte zuvor registriert, restauriert, markiert, dokumentiert, fotografiert und zertifiziert worden sind.

Letztlich sei in diesem Zusammenhang noch kurz das Thema Mäzenatentum angesprochen. Selbstverständlich ist Sponsoring jederzeit herzlich willkommen. Aber es ist leider auch nicht zu leugnen, daß sich die Trikotwerbung für den deutschen Fußballmeister mehr lohnt als eine gleich hoch dotierte Spende an irgendein ägyptisches Museum. Von daher wird selbst die generöseste Finanzspritze stets nur kurzfristige Hilfe bieten. Wir haben aber gesehen, daß es Projekte gibt, von denen wir heute bereits wissen, daß es Jahrhunderte dauern wird, bis sie als abgeschlossen betrachtet werden können. Sponsoring ist nichtsdestotrotz ein wichtiger Pfeiler, der manche Not abwenden oder zumindest lindern kann.

An der Notwendigkeit eines Kurswechsels der Ägyptologie ändert das gleichwohl nichts.

Post Scriptum

Im Jahr 1954 entdeckten ägyptische Archäologen auf der Südseite der Cheops-Pyramide zwei Schiffe. Die beiden Boote dienten, so die Vermutung, religiösen Zwecken. In der Folgezeit wurde eines der Boote aufwendig rekonstruiert und restauriert. Anschließend errichtete man neben der Großen Pyramide für sündhaft teures Geld ein Museum. Einziges Exponat: das über vierzig Meter lange und knapp sechs Meter breite »Königsschiff«. Die futuristisch anmutende Museumskonstruktion ist eine einzige Katastrophe. Große Teile sind verglast und heizen den Bau wie auch das Schiff durch Sonneneinstrahlung auf. Nancy Jenkins, die ein Buch über »das Schiff in der Wüste« verfaßt hat, spricht von »einem Museum, das bestenfalls unzureichend und schlimmstenfalls eine regelrechte Bedrohung für den Fortbestand des Schiffes ist«. Die Dame hat recht: Die Barke ist permanent unerträglichen Belastungen durch die Sonneneinstrahlung und kurzfristige Klimaschwankungen – der Hitze am Tag und der Kühle während der Nacht – ausgesetzt. Ferner besteht ständig Feuergefahr, gegen die keinerlei präventive Schutzmaßnahmen installiert worden sind. Im Falle eines Brandes ist das Schiff auf dem Wüstenplateau deshalb mit Sicherheit nicht zu retten.

Auch die sonstigen technischen Einrichtungen in diesem Museum sind mangelhaft. An erster Stelle sind hier die Ventilatoren zu nennen. Hinzu kommt: Holz ist ein aktiver Rohstoff. Er zieht sich bei Trockenheit zusammen und dehnt sich bei Feuchtigkeit aus. »Solche ständigen Veränderungen, die oft rasch aufeinander folgen, belasten die alten Planken bis zum Zusammenbruch«, so fährt Jenkins fort. Ihr Rat: die Umweltbedingungen ändern, in denen das Schiff jetzt aufbewahrt wird. Genau das aber war bisher nicht möglich. Übertriebener Nationalstolz, persönliche Querelen unter den Verantwortlichen und nicht zuletzt mangelnde technische Möglichkeiten haben bislang eine nachhaltige Veränderung der bedrohlichen Situation für die Barke verhindert. Hinzu kommen neue Gefährdungen: Gizeh ist einer der Tourismusmagneten. Die Zahl der Museumsbesucher steigt somit ebenfalls ständig – und damit die durch die Atmung hervorgerufene Luftfeuchtigkeit. Als wäre das alles noch nicht schlimm genug, ist der Bau auch der stetig zunehmenden Bedrohungen durch den Moloch

Abbildung 88
*Über vierzig Meter lang
und knapp sechs Meter
breit: die riesige Barke,
die auf der Südseite der
Cheops-Pyramide ent-
deckt wurde.*
Bild: Archiv
Erich von Däniken

Abbildung 89
*Eine einzige Katastrophe:
Das nur zur Ausstellung
der Barke errichtete Mu-
seum, in dem Hitze und
Sonneneinstrahlung das
antike Schiff beschädi-
gen, ist nur ein Beispiel
dafür, wie die Ägyptologie
immense Summen ohne
Sinn und Zweck ver-
schleudert.*
Bild: Koromoran,
wikipedia, GNU

Kairo ausgesetzt. Industrie- und Autoabgase belasten die Luft immer
mehr und setzen unkontrollierte chemische Prozesse in Gang. Somit
sind Museum und Barke zu einem regelrechten Mahnmal für inkom-
petente, verfehlte Ägyptologie geworden. »Für das Königsschiff«, sagte
den Autoren ein Informant, »wäre es besser gewesen, man hätte es in
seinem Versteck belassen.« So aber wurden immense Beträge ver-
schleudert und das Schiff mehr oder minder dem Verfall preisgege-
ben. Das System »Gier, Schlund & Raffke« hat wieder einmal Vorrang
erhalten vor wissenschaftlichen Grundsätzen.

11. Kapitel

Das »Big Point-Syndrom«
Die Ägyptologie
und die Grenzwissenschaften

Der Stachel im Fleisch der Ägyptologen

B ei aller Kritik an der Ägyptologie: Mit Recht verweisen deren
Vertreter auf ihre lange Erfolgsbilanz. In der nachfolgenden
Übersicht sind einige ihrer vielleicht größten Entdeckungen tabella-
risch aufgeführt.

Jahr	Entdecker	Fund
1817	Giovanni Belzoni im Tal der Könige	KV 17, das längste Grab
1820er-Jahre	Bernardino Drovetti	erster großer Papyri-Fund
vor 1881	Ahmed Abd el-Rassul von Deir el-Bahari	Königsmumien
1887	Ägypterin von Tell el-Amarna	Tontafel-Fund
1922	Howard Carter und Lord Carnarvon	Grab des Tutanchamun

Die Liste ließe sich noch erheblich erweitern. Kenner der Materie
aber haben sicher schon den kleinen Schönheitsfehler bemerkt: Kein
einziger dieser großartigen Funde gelang einem Ägyptologen! Nicht,
daß diese Wissenschaft keine Erfolge vorzuweisen hätte, aber von ganz
wenigen Ausnahmen abgesehen, gehen die spektakulärsten Entdek-
kungen, die wirklichen »big points«, auf das Konto von Amateuren
oder zutreffender ausgedrückt auf das von Hobby-Archäologen.

Das Gegenargument, diese Erfolge seien nur in der Anfangszeit
der Ägyptologie erzielt worden, greift nicht. So zollte man dem Ar-
chitekten Gilles Dormion im Frühjahr 2000 Anerkennung für seine
Untersuchung der Snofru-Pyramide von Medum. Dort hatte der
Nicht-Ägyptologe gleich zwei (!) neue Kammern entdeckt – und zusätzlich einen neuen, verborgenen Gang. Gerne hätte Dormion an dieser Stelle weitergearbeitet. Aber »Big Zee« alias Zahi Hawass vom
Supreme Council of Antiquities untersagte derartige Aktivitäten – trotz
politischer Fürbitte. Was war das Ende vom Lied? Letztlich gelangte
– ähnlich wie im Fall der Münchner Sargwanne aus K 55 *(siehe Kapitel 2)* – der ganze Zwist auf Ministerebene. Offenbar zeigte man da-

bei weniger Verhandlungsgeschick als seinerzeit der bayerische Ministerpräsident Edmund Stoiber. Wie auch immer: Tatsache ist, daß das gegen Dormion ausgesprochene Verbot aufrechterhalten blieb.

Die Ablehnung ist freilich psychologisch zu betrachten. Aufgrund der mangelnden eigenen Erfolge bei den »big points« reagiert die Ägyptologie auf die meisten von Außenstehenden vorgebrachten Erkenntnisse in fast hundert Prozent der Fälle zuerst einmal skeptisch. Vielleicht handelt es sich dabei aufgrund des mangelhaften Selbstwertgefühls der Branche um einen psychologisch bedingten, berufsspezifischen Minderwertigkeitskomplex.

Besonders allergisch ist man gegenüber allem, was aus der »Grewi-Ecke« kommt. »Grewi« ist die umgangssprachliche Abkürzung für »Grenzwissenschaften«. Zu diesen zählt beispielsweise die Astro-Archäologie, die von außerirdischen Besuchern auf unserem Planeten in grauer Vorzeit ausgeht. Repräsentanten dieser Linie sind Leute wie die Schweizer Erich von Däniken und Luc Bürgin oder in Deutschland die Fiebag-Brüder Peter und Johannes (†), um nur einige wenige zu nennen. Offiziell will man mit ihnen nichts zu tun haben; offiziell liest man ihre Bücher nicht, offiziell diskutiert man ihre Thesen und Theorien selten. »Pseudowissenschaftlich«, so argumentiert man, seien ihre Ansichten und Arbeitsresultate.

Abbildungen 90 & 91
Peter Fiebag (links) und sein bereits verstorbener Bruder Johannes zählen zu den bekanntesten deutschen Vertretern der A.A.S.-Forschung.
Bild 91: Tatjana Ingold / Bild 92: Fiebag, wikipedia, GNU

Und tatsächlich: Objektiv betrachtet, tummelt sich gar manch Selbstberufener mit haarsträubenden Ansichten in diesem Metier. Beispielsweise ist da in den letzten Jahren immer wieder der Begriff von der »verbotenen Ägyptologie« zu lesen. Durch ständige Wiederholung wird er freilich nicht stimmiger. Eine »verbotene Ägyptologie« gibt es schlicht und einfach nicht. Es existieren, wie die Verfasser versucht haben aufzuzeigen, verpönte Lehrmeinungen, es werden Fundstücke geheimgehalten und Berichte sowie Forschungsergebnisse aus den verschiedensten Gründen unter Verschluß genommen. Aber die Verfasser haben keinen einzigen Fall recherchieren können, in dem Ägyptologen versucht hätten, Verbote sachlicher, fachlicher oder inhaltlicher Art auszusprechen. Bei allen Animositäten, die bestehen mögen, sei deutlich herausgestellt, daß es lediglich einen einzigen Fall gab, in dem versucht wurde, den Inhalt dieses Buches vorab zu eruieren. Aber nicht einmal in diesem Zusammenhang war auch nur ansatzweise von irgendeinem Verbot die Rede. Nein, eine verbotene Archäologie gibt es nicht.

Was hingegen immer wieder festzustellen ist, sind Ignoranz und Ausgrenzung von »Grewi«-Erkenntnissen. Vielleicht hängt das mit dem »Big Point-Syndrom« zusammen. Andererseits: Man muß eingestehen, daß die Ägyptologen mit »Grewi«-Erkenntnissen geradezu überschwemmt werden, die nicht einmal die Minimalanforderungen an eine fachliche Arbeit erfüllen. So erzählte uns ein Mitarbeiter des Münchner Ägyptologischen Instituts von einem Mann, der etwa zwei Monate zuvor eine Arbeit zur Suche nach noch verborgenen Kammern in der Cheops-Pyramide zur Wertung vorgelegt hatte.

Schon auf den ersten Blick fiel auf, daß die Maße dabei nicht stimmten. Ein zusätzlicher Blick in ein Fachbuch genügte, um festzustellen: Der eifrige Mann hatte aus Versehen die Maße der Chephren-Pyramide als Grundlage seiner Berechnungen verwendet.

Der »Papyrus Grewi«

Wenn es um »Beweise« aus dem Alten Ägypten für die Richtigkeit der Paläo-Seti-These, also die frühzeitliche Visite von Ausserirdischen, geht, so wird von den »Grewi«-Autoren mit Vorliebe der »Papyrus Tulli« genannt. Die Schriftrolle beziehungsweise die von ihr erhalten gebliebenen Teile geben Zeugnis von einem äußerst rätselhaften Ereignis in Theben zur Zeit des Pharaos Thutmosis III. (zirka 1504 – 1450 v. Chr.):

»Im Jahr 22, im dritten Monate des Winters, in der sechsten Stunde des Tages, sahen die Schreiber aus dem Haus des Lebens einen Feuerring, der vom Himmel her kam ... Aus seiner Mitte drang ein übelriechender Atem. Er hatte keinen Kopf. Sein Körper war einen ›Stab‹ lang und einen ›Stab‹ breit. Er hatte keine Stimme. Darüber wurden die Herzen der Schreiber sehr verwirrt, und sie warfen sich auf dem Bauch zu Boden ... Dann berichteten sie das Gesehene dem Pharao ... Seine Majestät dachte darüber nach, was geschehen war, und gab den Befehl, daß es in den Rollen im Haus des Lebens berichtet wird. Nach einigen Tagen wurden diese Erscheinungen immer zahlreicher am Himmel. Ihr Glanz übertraf den der Sonne und erstreckte sich zu den Grenzen der vier Ecken des Himmels ... Hoch und weit am Himmel war die Position, von der aus diese Feuerringe kamen und gingen. Die Armee des Pharaos beobachtete dies, mit ihm in ihrer Mitte. Es war nach dem Mittagessen. Dann stiegen diese Feuerringe höher in den Himmel und bewegten sich in Richtung Süden. Dann fielen Fische und Vögel vom Himmel. Ein Wunder, wie sie es seit der Gründung ihres Landes noch nie gesehen hatten ... Und der Pharao ließ Weihrauch bringen, um Frieden mit der Welt [dem Amun-Ra geweihten Altar, Anm. d. Verf.] zu machen. ... und was geschehen war, wurde befohlen, in die Annalen im Haus des Lebens zu schreiben, so daß man sich fortan alle Zeit daran erinnern werde.«

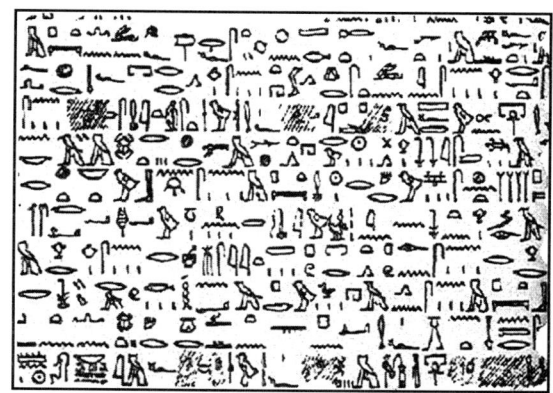

Abbildung 92
Wird als Beweis für die Richtigkeit der Paläo-Seti-These gerne herangezogen: der mysteriöse »Papyrus Tulli«, von dem aber nicht bekannt ist, ob er überhaupt existiert hat.
Bild: Luc Bürgin

Ob der französische Autor Robert Charroux oder Erich von Däniken: Der »Papyrus Tulli« wird von den meisten »Grewi«-Autoren als
dokumentarischer Beleg für die Astro-Archäologie zitiert. Es gibt aber
keine einzige Person, die jemals behauptet hätte, die Schriftrolle im
Original gesehen oder gar selbst in Händen gehalten zu haben. Lediglich der Übersetzer der Quelle kann theoretisch als Zeuge benannt
werden. Praktisch nützt das wenig. Welchen Papyrus (es ist immer
nur von einem Dokument die Rede) sollte man denn benennen? Den
nicht vorhandenen Papyrus »aus der Zeit Thutmosis III.« (Neues
Reich) bei Erich von Däniken oder doch lieber das gleichfalls nicht
verfügbare Fragment von Robert Charroux »aus dem Mittleren Reich«?
Charroux, so viel ist sicher, irrt, denn Thutmosis regierte in der Epoche des Neuen Reiches.

Doch wer jetzt mit erhobenem Zeigefinger hochnäsig auf die kennt-
nis- und ahnungslosen »Grewis« zeigen wollte, der sollte sich noch einen
Augenblick gedulden.

Viel schlimmer noch ist es nämlich auf der Wissenschaftsseite bestellt. Das offenbart unter anderem ein Artikel des »New York Ame-
rican« vom 20. Oktober 1912. Jawohl, schon in jenen Tagen gehörten
Falsch- und Desinformation zum Rüstzeug der Spaten-Jünger. Den
Beitrag verfaßt hat kein Geringerer als der Archäologe Dr. Paul Schliemann, seines Zeichens Enkel des Troja-Entdeckers Heinrich Schliemann.
Der Enkel berichtet in seinem Artikel über bestimmte »Manuskripte«, die sein Großvater ihm hinterlassen hat. In einem Fall dreht sich
alles um eine Schriftrolle, um eine ganz besondere Schriftrolle genauer gesagt.

Wie Paul Schliemann unter dem Titel »Wie ich Atlantis wieder-
fand« die Leser wissen läßt, steht diesbezüglich in dem Manuskript
wörtlich: »Im Museum von Petersburg fand ich eine sehr alte Papyrusrolle aus der Zeit des Pharao Sent aus der 2. Dynastie.

Dieser Papyrus berichtet, daß der Pharao eine Expedition in die
westlichen Länder sandte, um Spuren des Landes zu finden, aus dem
3.550 Jahre zuvor die Vorgänger der Ägypter gekommen waren und
das Wissen ihres Landes mitgebracht hatten. Sechs Jahre später kehrte
die Expedition zurück, ohne das Volk oder Überlebende gefunden
zu haben, die Auskunft über das verschwundene Land hätten geben
können.«

Wie Paul Schliemann zu dem Dokument seines Großvaters weiter schreibt, habe dieser noch extra dazu angemerkt: »Dieser Bericht ist von großer Wichtigkeit, und ich habe ihn geheimgehalten. Er ist in den Papieren unter dem Buchstaben D zu finden.«

Paul Schliemanns Angaben sind nach dem heutigen Kenntnisstand jedoch frei erfunden. Die von dem Archäologen genannten »Manuskripte« seines Großvaters Heinrich haben sich nicht finden lassen, und eine Überprüfung seiner Angaben brachte gleichfalls ein negatives Ergebnis. Das Petersburger Museum weiß nichts von einer 6.000 Jahre alten Papyrusrolle mit dem geschilderten Inhalt. Nun könnte man auf eine eventuelle Geheimhaltung der Schrift spekulieren – schließlich gehört der »Top-Secret«-Stempel ja zum Rüstzeug der Ägyptologie, wie wir bereits mehrfach feststellen mußten. Doch im vorliegenden Fall scheidet diese Variante aus, denn einen Pharao Sent hat es nie gegeben – weder unter diesem Namen noch zur angegebenen Zeit. Es sei denn, der ominöse Sent ist mit Sened, dem 5. König der 2. Dynastie gleichzusetzen. Doch das ist pure Spekulation und durch nichts belegbar. Auch ist Sened lediglich durch ein einziges Artefakt, eine Gefäßaufschrift, bezeugt. Von daher darf eine über sechsjährige Herrschaft, wie in dem angeblichen Papyrus vorgebracht, als sehr unwahrscheinlich gelten. Übrigens: Es gibt trotz intensivster Recherchen keinen Beweis, der die verwandschaftliche Beziehung von Paul zu Heinrich Schliemann erhärten würde. Somit sprechen sämtliche Fakten und Indizien gegen den »Schliemann-Papyrus«.

Von seiten der Ägyptologen ist dieser Fall nie publiziert worden – man übergeht das Thema einfach und hüllt sich in den Mantel des Schweigens. Das ist es wohl, was die Ägyptologie am

Abbildung 93
Heinrich Schliemann, der berühmte Troja-Entdecker, soll seinem Enkel Paul einen geheimnisvollen Papyrus hinterlassen haben. Alle Fakten sprechen jedoch dagegen.
Bild: Brockhaus Leipzig

meisten an den Grenzwissenschaften stört: »Grewis« greifen die Themen auf, an die sich die herkömmliche Ägyptologie nicht heranwagt, die sie ignoriert oder gar gänzlich ablehnt. Jeder, der von dieser Linie abweicht, wird herablassend als »Grewi«, »Amateur« oder »Hobby-Ägyptologe« tituliert und abqualifiziert.

Die Ägyptologie verpaßt den Anschluß

Während die Gilde weiter nach diesem Schema verfährt, merkt sie in ihrem Kasten-Denken nicht, wie sich die Welt um sie herum wandelt. Da arbeitet eine deutsche Universität mit der Erich von Däniken-Stiftung zusammen, da kommt Edgar Mitchell, der sechste Mensch auf dem Mond, zum »World Mystery Forum« nach Interlaken in die Schweiz, und für die Nachfolgeveranstaltung in Basel im Jahr 2008 hat sich bereits der zur Zeit vielleicht bekannteste Sternenforscher unserer Tage, der Astronom Frank Drake, angemeldet.

Da hilft es auch nicht, wenn man die Fiebags und Rétyis dieser Welt als »Untertassen-Archäologen« bezeichnet. Diese Leute bemühen sich seriös – und darum geht es primär –, die archäologischen Geheimnisse dieser Welt zu lösen. Und davon gibt es gerade in der Ägyptologie wahrlich genug. Experten könnten sicher mühelos einen ganzen Themenkatalog in Buchform präsentieren. Hier sind einige

Beispiele, die wir in diesem Buch erwähnt haben, gepaart mit sol-
chen, auf die wir leider nicht näher eingehen können:
- Wo wurde Königin Anches-en-Amun bestattet?
- Wer ist der geheimnisvolle Knabe namens Mehi (auch
  Mehy oder Mahi) an der Seite von Sethos I.?
- Wo liegt das sagenhafte Goldland Punt?
- Woher bezogen die Throninhaber ihr Kokain?
- Was befindet sich am Ende des Tunnels von
  »Passage K« in der Gruft von Sethos I.?
- Wer war Königin Tayay?
- Wie wurden die Pyramiden errichtet?
- Existieren noch geheime Kammern in der Chephren-Pyramide?
- Wer findet endlich das Heer des Kambyses?

Diese Themenpalette zeigt, daß es um *mehr* geht als nur um das ewig
junge Thema »War Pharao ABC ein Alien?« Tatsächlich gab es in
Deutschland schon einmal eine äußerst fruchtbare Kooperation in
dieser Hinsicht: die Mitwirkung des Münchner Ingenieurs Rudolf
Gantenbrink bei der Erforschung des Südschachts in der Königin-
nenkammer der Cheops-Pyramide in den Jahren 1992/1993. Gantenbrink ersann und baute einen High-Tech-Roboter (Upuaut), der
erfolgreich den Schacht auf einer Länge von 59 Metern erkundete.
Erst ein von Menschenhand gefertigter Verschlußstein bereitete der
Upuaut-Expedition ein überraschendes Ende. Die Upuaut-Entdek-
kung ist eine kleine Sensation. Professor Rainer Stadelmann vom
Deutschen Archäologischen Institut Kairo (DAIK) beglückwünsch-
te seinen Partner Gantenbrink zu dessen Erfolg. Wenige Tage später
aber war Schluß mit lustig. Der Ingenieur und das DAIK zerstritten
sich immer mehr. Einer der Anlässe war die Behandlung der Entdek-
kung gegenüber den Medien.

Stadelmann schlug Gantenbrink vor, er solle eine Pressemitteilung verfassen, was dieser auch umgehend in Angriff nahm. Aber rund
ein halbes Dutzend Vorschläge fand nicht die Zustimmung des DAIK-
Oberen. Der Ingenieur hatte den Eindruck eines abgekarteten Spiels,
denn plötzlich schlug Stadelmann in alter Ägyptologenmanier vor, mit
der Verlautbarung bis Mai und dann sogar bis November zu warten.
Verärgert und entnervt reiste Gantenbrink aus Ägypten ab. Als die
Medien Wind von dem Projekt bekamen und sich der Ingenieur er-

klärte, war er aus dem Spiel. Die ägyptologische Omertà kennt da keine Gnade. Sofortigen Beifall und Unterstützung erhielt Gantenbrink dagegen aus der ungeliebten »Grewi«-Ecke. Aber auch deren Unterstützung ist vergebens. Zahi Hawass hat derweil für sündhaft teures Geld nacheinander zwei neue »Pyramid Rover« geordert. Mit dem ersten dieser Roboter ließ der allmächtige SCA-Direktor bereits vor Jahren den Verschlußstein durchbohren. Ergebnis: Hinter dem Stein geht der Schacht weiter. Aber lediglich ein kurzes Stück – dann ist ein weiterer Sperrstein eingefügt. Der soll jetzt ebenfalls durchlöchert werden. Letzter diesbezüglich von Hawass genannter Termin: zwischen Oktober und Dezember 2007. Aber das sagt wenig aus. Der SCA-Chef hat schon des öfteren mehrere Termine angekündigt – mindestens einen pro Jahr. Sie sind allesamt verstrichen, ohne daß eine weiterführende Untersuchung (offiziell) stattgefunden hätte.

Aber es gibt noch zahlreiche andere Kooperationsmöglichkeiten beziehungsweise grenzwissenschaftliche Erkenntnisse, die einer Überprüfung lohnen. Davon will die Seite der Wissenschaftler jedoch nichts wissen. Doch halt! So pauschal in den Raum gestellt, trifft diese Behauptung auch wieder nicht zu. Mindestens ein Ägyptologe, würde er denn heute noch leben, wäre wohl als »Grewi« verrufen, hätte er nicht in seiner Eigenschaft als Professor der Ägyptologie an der Universität Straßburg dieser Wissenschaft ihren größten Erfolg beschert: die Entdeckung der Königsgräber von Tanis im Nildelta in der Zeit des Zweiten Weltkrieges, als die »Panzerarmee Afrika« des deutschen Generals Erwin Rommel bereits »ante portas« vor Alexandria und Kairo stand. Die Rede ist von Pierre Montet (1885 – 1966). Montet lieferte eine sehr einleuchtende Erklärung für sein Ansinnen, in Tanis graben zu dürfen. Wie viele Altertumswissenschaftler wollte er die Authentizität der Bibel, insbesondere jene des Alten Testaments, beweisen.

»An den Küsten Syriens«, schrieb er später diesbezüglich, »suchte und fand ich die Spuren der Ägypter. Von da an erschien mir Tanis als der Ort Ägyptens, wo die größten Aussichten bestanden, die Spur der Semiten zu finden.« Was folgt, ist eine ellenlange Begründung für seinen Entschluß, in Tanis Grabungen aufzunehmen.

Damit kaschiert Montet gleichwohl nur seine wahren Motive: Der Franzose hegte die heimliche Hoffnung, die mosaische Bundeslade wiederzufinden, wie Henri Stierlin in seinem mit der Ägyptologin Christiane Ziegler verfaßten Buch »Tanis« preisgibt.

Ausgerechnet die Bundeslade! Spätestens seit dem ersten »Indiana Jones«-Film ist dieses Objekt aus dem Exodus-Buch der Bibel auch religiös wenig bewanderten Zeitgenossen ein Begriff. Der Film von Regisseur Steven Spielberg war ein regelrechter Kassenschlager. Vielleicht auch zu einem kleinen Teil deshalb, weil ein gewisser Erich von Däniken schon Jahre zuvor seine Millionen-Leserschaft für dieses Thema sensibilisierte. In seinem 1979 erschienenen Buch »Prophet der Vergangenheit« spürt er auf 46 Seiten der Lade des Religionsstifters Moses nach. Ihm folgte unter anderem der ebenfalls nicht unbekannte Autor Graham Hancock. »Auf der Suche nach der verschollenen Bundeslade« findet er »Die Wächter des heiligen Siegels«, wie er seinen Band betitelt. Fündig wird er seiner Meinung nach in Äthiopien, genauer gesagt in Aksum. Auch »Grewis« wie der verstorbene Johannes Fiebag und sein Bruder Peter haben sich ausführlich mit dieser Thematik befaßt. Kurzum: Die Lade ist einer der Themenschwerpunkte der Grenzwissenschaften.

Von dem Zeitpunkt an, an dem sich die »Grewis« mit dem Kultobjekt befaßten, war das Thema im Gegenzug für die Ägyptologie natürlich gestorben. Es ist kein anerkannter Ägyptologe bekannt, der öffentlich eingesteht, er sei auf der Suche nach dem Kasten mit den zwei knienden, geflügelten Cherubim. Auch Pierre Montet tat das selbstverständlich nicht. Aber tief in seinem Innersten gab er die Hoffnung auf den »Fund der Funde« niemals auf. Und Henri Stierlin bekräftigt: »Die Bundeslade wiederzufinden – welche verrückte, aber begeisternde Hoffnung!« Die Autoren können da nur beipflichten. Aber so weit wir davon Kenntnis haben, hat sich keine Expedition mehr der Suche nach dem Behältnis verschrieben. Schade! Aber dafür gibt es ja die »Grewis«. Nur bitte, sehr verehrte Ägyptologen, nicht wieder neidisch und verärgert sein, wenn die »Grewis« oder Amateure oder blutige Laien oder wie immer man die Gantenbrinks dieser Welt betiteln will, einmal mehr einen »big point« für sich verbuchen können. Und das, weil sie keine antiquierten Berührungsängste haben und sich nicht scheuen, offen Gedanken auszusprechen, die weniger mutige Zeitgenossen zwar ebenfalls hegen, dies aber nicht öffentlich eingestehen.

Kooperation statt Konfrontation

Und so wird von beiden Seiten zwar nicht immer, aber doch meistens nach dem gleichen Schema vorgegangen. Die Wissenschaftler lehnen die Theorien der »Grewis« ab, und die »Grewis« bezweifeln die Forschungsresultate der Experten. Nützen freilich tut dies schlußendlich keiner der beiden Parteien.

Doch es geht auch anders. Mit etwas gutem Willen und über Bord geworfenen gegenseitigen Vorurteilen eröffnen sich für beide Strömungen neue Perspektiven. Das ist keine Vermutung, auch kein frommes Wunschdenken. Das wurde zwischenzeitlich bereits in der Praxis realisiert – mit durchschlagendem Erfolg sogar. »Tatort« war die bekannte Ebene von Nazca im südamerikanischen Andenstaat Peru. Seit jeher ist die rostbraune Sand- und Schotterwüste mit ihren schnurgerade verlaufenden Linien und überdimensionierten Tierglyphen ein Symbol für die Auseinandersetzung zwischen universitärer Forschung und grenzwissenschaftlichem Gedankengut.

Hier nahm ein internationales Team der Hochschule für Technik und Wirtschaft in Dresden sowie der Universidad Católica del Peru mit neuestem Hightech-Equipment verschiedene Messungen, Bodenanalysen und Erkundungen vor. Die wissenschaftlichen Ergebnisse sind aufregend und lassen die Herzen der Experten wie auch der »Grewis« gleichermaßen höher schlagen. Hierfür seien lediglich zwei Beispiele

Abbildung 95
Die Ebene von Nazca in Peru: Bei der Erforschung der mysteriösen Linien haben Wissenschafter aus dem Andenstaat zusammen mit Kollegen aus Dresden Erkenntnisse gewonnen, die auch das Herz der »Grewis« höher schlagen lassen.
Bild: Alexander Fiebrandt, wikipedia, GNU

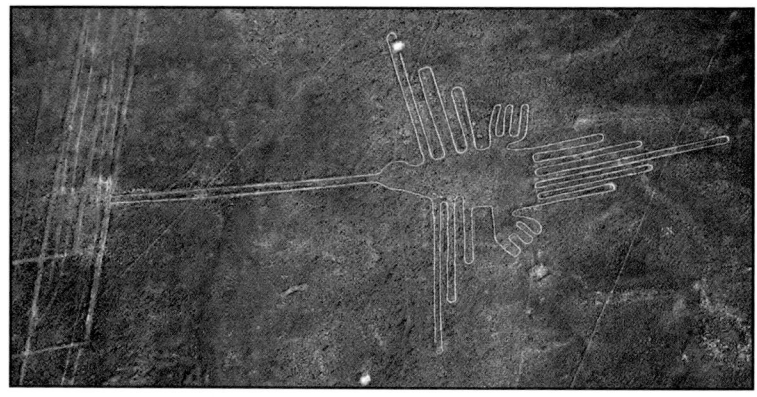

Abbildung 96
Wie von Geisterhand gezogen verlaufen die Linien durch die Ebene von Nazca und
zeichnen dabei auch Tierglyphen in die Schotterwüste – auf dem Bild ist der berühmte
Kolibri zu sehen.
Bild: Bjarte Sorensen, wikipedia, GNU

aus den abschließenden Feststellungen des wissenschaftlichen Berichts,
der uns vorliegt, benannt:

- Die geoelektrischen Messungen ergaben mit hoher Klar-
heit unerwartete Anomalien von bis zu zwei Metern bei
den Geoglyphen, den ins Erdreich gezeichneten Figuren.
- An bestimmten Geröllhalden (…) wurde weißes Material
gefunden, das vorwiegend aus Glas besteht. Der Ursprung
dieses Materials konnte nicht geklärt werden.

Na, da stehen ja noch spannende Untersuchungen und Feldaktivitäten bevor. Was aber hat das nun alles mit den »Grewis« beziehungsweise mit den Grenzwissenschaften zu tun?

Ganz einfach: Das gesamte Projekt wurde von der Erich von Däniken-Stiftung in Interlaken finanziert! So geht's also auch. Kaum ist
man bereit, Standesdünkel und Lagerdenken beiseite zu lassen, schon
ergänzen sich beide zur konstruktiven Erforschung des Rätselhaften.
Die Stiftung wurde 1996 von dem Schweizer Schriftsteller und Forscher Erich von Däniken und seiner Gattin Elisabeth gegründet.
»Zweck der Stiftung«, so der Erfolgsautor, »ist die Erforschung der
großen Rätsel dieser Welt, insbesondere rätselhafter Relikte vergangener Kulturen.«

Relikte vergangener Kulturen: Da fällt den Verfassern ein aus ihrer Sicht lohnendes Ziel ein: Wie wäre es beispielsweise mit der Suche nach dem Kopf des Osiris? Zwei aussichtsreiche Suchplätze sind lokalisiert: das Osireion in Abydos und das Grab von Sethos I. im Tal der Könige.

Man stelle sich vor: die erste archäologische Suche nach einer »echten« antiken Gottheit überhaupt. Alleine das wäre schon eine Sensation! Und dann noch »Grewis« und Ägyptologen zusammen in einem Boot! Dem Unternehmen, so viel ist absehbar, wäre auf jeden Fall breites öffentliches Interesse sicher. Und es würde zweifelsohne mehr Sinn ergeben als seinerzeit die SCA-Konzession für die Rassuls.

Aber ein derartiges Projekt ist leider nicht in Sicht. Es bedarf anscheinend auch in diesem Fall erst einer neuen, jüngeren und vor allem aufgeschloseneren Generation. Und die ist sehr wohl in Sicht. »Wenn mir der Däniken morgen die Suche nach dem Kopf finanziert und Hawass uns dafür die entsprechende Konzession ausstellt, bin ich sein Mann. Denn gleichgültig, ob wir den Osiris finden oder nicht, ein Rätsel der Menschheit würden wir auf jeden Fall lösen. Denn am Ende wüßten wir, was die ›Passage K‹ für uns bereithält: entweder eine riesige Enttäuschung oder vielleicht doch einen überraschenden Sensationsfund.« So äußerte sich eines unserer »Schwarzen Schafe« zu der Thematik.

Es scheint, als würde – kaum merklich – allmählich doch ein Umdenkungsprozeß in den Köpfen der Gelehrten vonstatten gehen.

Allerdings gilt das auch umgekehrt für die Vertreter der sogenannten Grenzwissenschaften. Mit Schlagwörtern wie »verbotener Ägyptologie« kommt man keinen Schritt weiter. Es sind die Forschungen eines Rudolf Gantenbrink, eines Joseph Blumrich oder der Fiebag-Brüder, die seriös und kompetent an die Sache herangehen, die der A.A.S., also der Ancient Astronaut Society (Forschungsgesellschaft für Archäologie, Astronautik und SETI, *Anm. d. Verf.*), zu immer mehr Ansehen und Respekt verhelfen. Machen wir das nicht dadurch kaputt, indem wir unter jeder Tempelruine und hinter jedem Pyramidenquader gleich einen E.T. vermuten.

Die Dresdner Hochschule und die Erich von Däniken-Stiftung haben bewiesen, daß es sehr wohl möglich ist, *gemeinsam* zu forschen. Wer nimmt den Ball auf?

Post Scriptum

Im Jahre 1973 veröffentlichte der damalige Leiter der Abteilung Projektkonstruktion der US-Raumfahrtbehörde NASA, Joseph Blumrich, ein Buch mit dem Titel »Da tat sich der Himmel auf«. Im Vorwort schreibt er dazu: »Die Entstehung dieses Buches ist eine Folge meiner Lektüre von Erich von Dänikens ›Erinnerungen an die Zukunft‹. Ich begann diese Lektüre mit der überlegenen Einstellung eines Menschen, der von vornherein weiß, daß die dargebotenen Schlußfolgerungen keinesfalls richtig sein können … Kaum jemals war eine absolute Niederlage so reich belohnt, so faszinierend und so erfreulich.«

Gegenstand von Blumrichs Arbeit waren die von Däniken beschriebenen »Gotteswagen« des Propheten Hesekiel. Blumrich versuchte nun, Hesekiels bildhafte Ausdrucksweise in eine »technische Sprache« umzusetzen und daraus eine Art Konstruktionsplan zu erstellen. Heraus kam das Modell einer Landefähre mit Atomreaktor.

Damit ist selbstverständlich nicht bewiesen, daß Außerirdische unseren Planeten auch tatsächlich besuchten. Aber der zwischenzeitlich verstorbene Blumrich bewies, daß alte Texte sehr wohl technische Gegenstände und Abläufe zum Inhalt haben können.

In jüngerer Zeit haben die Linguistin Claudia C. Krauße und der Darmstädter Physiker Franz R. Krueger einen weiteren wertvollen Beitrag geleistet. Sie codierten die Hieroglyphen altägyptischer Texte (unter anderem der Sinuhe-Erzählung) in die Programmiersprache ASCII und fütterten damit den Computer. Dabei fanden sie eine Methode, mit der Zeichenreihen unbekannter Herkunft als eindeutig intelligent identifiziert werden können.

Nun sind Krauße und Krueger sicher keine »Grewis«, aber sie scheuen sich gleichwohl nicht, »Grewi«-Themen wie die Suche nach außerirdischer Intelligenz unter neuen Blickwinkeln zu betrachten und objektiv damit zu arbeiten. Zumindest auch in diesem Fall mit einigem Erfolg. Nur gilt leider neuerlich: Die eigentlich zuständige Fachdisziplin ist nicht auf dem Platz. Noch ist das nicht von Bedeutung. Sollte das Verfahren aber eines Tages zum Erfolg führen, hätte die Ägyptologie ihr »zweites Rosette«.

12. Kapitel

Anstelle eines Nachwortes

Der Fall Nofretete

Statt Glanz und Gloria, Geheimniskrämerei und Gaunertum

Bücher sind ein sehr langsamer Informationsträger. In der Medienkette stehen sie gewöhnlich an letzter Stelle. Es kommt daher selten vor, daß ein Sachbuch tagesaktuellen Bezug hat. Wir konnten von daher nicht einmal ahnen, daß unsere Publikation mitten in eine aktuelle Auseinandersetzung zwischen Ägypten und der Bundesrepublik Deutschland »platzen« würde. Es geht um die wohl bekannteste Frau des Altertums, die Königin Nofretete. Oder konkreter gesagt: um ihre weltberühmte Büste.

Und – welche Ironie – wir treffen dabei auf Altbekanntes: das Ägyptische Museum in Berlin, seinen Leiter, Professor Dietrich Wildung – und selbstverständlich auch auf Zahi Hawass, den Chef der ägyptischen Altertümerverwaltung. Die Hauptrolle aber kommt Nofretete zu, der Gemahlin Echnatons und Mutter der Anches-en-Amun, der späteren Königin an der Seite von Pharao Tutanchamun.

Dementsprechend beginnt unsere Geschichte in der neuen Hauptstadt der Familie, Achet-Aton, heute besser bekannt unter dem Namen Tell el-Amarna. Genau hier, in einer der unwirtlichsten Gegenden von Kemet, schlägt am 6. Dezember 1912, also ziemlich genau ein Jahrzehnt vor der Entdeckung des Tutanchamun-Grabes, eine Sternstunde der Ägyptologie. Im Grabungsquadrat P 47, so entnimmt man der mehr oder weniger fundierten Fachliteratur, stößt Ludwig Borchardt auf die einäugige Büste der Nofretete.

Ludwig Borchardt ist selbstverständlich nicht der Entdecker der Nofretete – auch wenn es so in Hunderten von Büchern und Zeitschriften zu lesen ist. Borchardt war zum Zeitpunkt der Freilegung nicht einmal an der Grabungsstelle anwesend. Die Aufsicht führte vielmehr sein stellvertretender Grabungsleiter, Hermann Ranke. Erst eine von ihm verfaßte Nachricht rief Borchardt auf den Plan. »Dringend!«, schrieb Ranke kurz und bündig. »Lebensgroße, bunte Büste im Haus P 47!«

Im von den Kolonialmächten Frankreich und England annektierten Ägypten sucht das deutsche Grabungsteam nach wertvollen Relikten aus Kemets glanzvoller Vergangenheit, um sie zu Preußens Glanz und Gloria nach Berlin zu bringen.

Davor hatte die Verwaltung jedoch die ungeliebte Fundteilung gesetzt. Ägypten, so schrieben es die Gesetze vor, durfte als erster wählen. Den Deutschen war sofort bewußt, daß dieses Kunstwerk nicht zu den ausführbaren Stücken zählen würde. Zu einmalig war diese Rundplastik. Man kann sich unschwer vorstellen, daß diese Perspektive die Deutschen wenig erfreute.

Es nimmt daher nicht Wunder, daß von dem Fund gemäß den ägyptologischen Gepflogenheiten kein Wort an die Öffentlichkeit drang. 1912 nicht, 1913 auch nicht, leider auch nicht 1915 und 1916. Erst 1924, also ganze zwölf Jahre nach der Auffindung, als die Büste erstmals in Berlin zur Schau gestellt wurde, erfuhr die Welt von ihrer Existenz! Ja, so unglaublich es klingt, nicht einmal die Ägypter selbst hatten auch nur die geringste Ahnung von Nofretetes Auffindung. Der Skandal war perfekt – wie im Fall von KV 55. Denn selbstverständlich hatte die Geheimhaltung einen triftigen Grund: Borchardt hat die Büste illegal aus Ägypten ausgeführt. Die Umstände sind bis heute nicht vollständig geklärt.

Laut SCA-Direktor Zahi Hawass wurde die Büste mit Lehm verschmiert und so ihre Schönheit bewußt vertuscht. Das behauptete er jedenfalls in einer leidenschaftlichen Rede am 14. April 2007 vor dem ägyptischen Parlament. Den Hintergrund für Hawass' Auftritt bildete Ägyptens seit 2004 mehrfach vorgetragenes Ansinnen, die Nofretete-Plastik für begrenzte Zeit als Leihgabe zu erhalten. Auch ohne die alten Streitereien wieder aufzuwärmen, ist Ägyptens Bitte nachvollziehbar. In fünf Jahren wird in Ägypten ein neues Museum bei den Pyramiden eröffnet. Es wäre daher ein Akt der Völkerverständigung, die Nofretete-Büste für einige Monate dort auszustellen und so dem ägyptischen Volk die Möglichkeit zu geben, seine Königin erstmals im Original betrachten zu können.

Allerdings stößt dieses Ansinnen von Hawass in Deutschland nicht überall auf ungeteilte Gegenliebe. Besonders ein Mann hat etwas dagegen: der Berliner Museumsdirektor Professor Dietrich Wildung. Nicht etwa, daß er Rachegefühle wegen seiner Ausweisung aus Ägypten haben würde. Nein, das ganz bestimmt nicht. Vielmehr liegt »die Sorge um die Unversehrtheit« der Pretiose seiner Ablehnung zugrunde. Sagt er. Wildung will vermeiden, daß die Büste durch den Hin- und Rücktransport Schaden nimmt. Sagt er.

»Big Zee«, alias Zahi Hawass, ist da ganz anderer Ansicht: »Sie hat den Transport von Kairo nach Deutschland gut überstanden«, argumentiert er, »und seither sind die Sicherungssysteme erheblich verbessert worden.«

Das ist nicht von der Hand zu weisen. Tatsächlich ist Dietrich Wildungs Begründung merkwürdig. Seit ihrer Ankunft in Berlin vor knapp hundert Jahren ist die Nofretete-Büste mehrfach verlagert worden – zum Beispiel während der letzten Zeit des Dritten Reichs. Ebenso wurde die Büste im gleichen Zeitraum wiederholt konservatorischen Maßnahmen unterzogen. Es besteht also heute weitaus weniger Gefahr, die Büste auf Reisen zu schicken, als dies bei Borchardts Aktion der Fall war – und selbst dessen fragwürdige Praktik hat die Büste, wie Hawass richtig herausstellte, unbeschadet überstanden. Es muß ergo noch ein weiteres Motiv für die Berliner Verweigerungshaltung geben. Und die gibt es auch. Die deutsche Seite hegt die Befürchtung, »Ägyptens letzter Pharao«, also Hawass, könnte Wortbruch begehen und die Büste annektieren. Theoretisch ist das selbstverständlich möglich.

Theoretisch ist freilich alles möglich. Faktisch hingegen gibt es keinen Hinweis auf ein entsprechendes ägyptisches Gebaren. Ganz im Gegenteil: Die Ägypter haben sich in ägyptologischen Belangen stets fair und korrekt an vereinbarte Abmachungen gehalten. Nichts anderes ist auch im Fall Nofretete zu erwarten.

»*Nofretete geht auf Reisen*«

Dennoch lehnte der deutsche Kulturstaatsminister Bernd Neumann bereits eine Ausleihung der Nofretete-Büste ab. Und das, obwohl noch nicht einmal ein offizielles Ersuchen der zuständigen ägyptischen Instanzen vorlag. Vielmehr reagierte er mit seiner Festlegung auf eine gegenteilige Forderung einer unabhängigen Hamburger Organisation, die sich »CulturCooperation e. V.« nennt. Im Rahmen einer Kampagne unter dem originellen Motto »Nofretete geht auf Reisen« hatten die Hamburger einen offenen Brief an den Minister verfaßt. Darin fordern sie Neumann auf, den Ägyptern eine befristete Ausleihe der Büste zu offerieren.

Die gute Idee geriet zum Flop. Den Hamburgern blies alsbald

stürmischer Wind ins Gesicht. Allen voran machte die konservative
Medienlandschaft mobil gegen das lobenswerte Ansinnen. Endlich hatte einmal eine aktive Gruppe versucht, das alte Besitz- und National-
denken auf kulturellem Gebiet zu durchbrechen, doch leider hat sich
Bernd Neumann dieses moderne Denken (bis jetzt) nicht zu eigen
gemacht. Er ist, wie auch Professor Wildung, nach wie vor der Meinung, daß Nofretete auf legalem Weg nach Deutschland kam.

Kairo übte durch sein »Sprachrohr«, Kulturminister Farouk Hosni, prompt neuerliche Kritik an der deutschen Haltung. In der Zeitung »Al-Ahram« wird er mit den Worten zitiert: »Deutschland begeht
einen Fehler, wenn es die Büste nicht für eine Ausstellung in Kairo
zur Verfügung stellt. Die Ägypter haben das Recht, die seltenen Stük-
ke aus ihrer Geschichte, die sich im Ausland befinden, zu bestaunen.«

Und »Big Zee« legte noch ein Brikett nach. Er drohte: »Wenn
Deutschland die Büste nicht ausleiht, wird Ägypten nie wieder archäologische Ausstellungen dort organisieren.« Der Ton wird schärfer, das
Klima rauher. Minister Neumann hätte gut daran getan, sich einer
gewissen Zurückhaltung zu befleißigen und sich ähnlich geschickt zu
verhalten wie einst Edmund Stoiber.

Aber gegen antiquiertes Denken ist anscheinend kein Kraut gewach-
sen. Neumann hatte die Chance, ein »Kultur-Gorbatschov« zu werden; er hat sie vertan. Allerdings hat es auch schon Politiker gegeben,
die umdachten. Diese Chance hat Bernd Neumann auch heute noch.

Ansonsten offenbart dies, daß sich auch aktuell in der Ägyptologie nicht wirklich viel verändert hat. Gemäß unserer Ausführungen
in den vorangegangenen Kapiteln stellen wir fest:

- Vertuschungsaktionen und Verschwörungstheorien sind in
  erster Linie das Werk der Ägyptologie selbst. Sei es der
  nichtexistente Fluch der Pharaonen oder die Geheimhaltung der KV 55-Sargwanne – alles geht auf die Ägyptologie
  zurück oder sie hat zumindest großen Anteil daran.
- Medienmißbrauch und Medienmanipulation gehören
  ebenfalls zum ständig eingesetzten Repertoire dieser Wissenschaft. Denken wir nur an die Entdeckungsgeschichte
  von KV 63.
- Selbstverständlich ist die Ägyptologie auch im Bereich der
  Grenzwissenschaften aktiv. Erinnert sei nur an Pierre

Montets Suche nach der Bundeslade oder den geheimnisvollen Kopf des Osiris.

- Während andere universitäre Fachbereiche längst mit den
Grenzwissenschaften kooperieren (und das für beide Seiten
sehr erfolgreich), hat die Ägyptologie die Zeichen der Zeit
noch immer nicht erkannt.
- Fundunterdrückung (zum Beispiel Büste der Nofretete) und
Fundmanipulationen (zum Beispiel Grab des Tutanchamun)
gehören ebenso zum Repertoire dieser Altertumswissenschaft.
- Neue Erkenntnisse werden nicht anerkannt (zum Beispiel
die »Kokain-Mumien«), weil sie nicht mit der offiziellen
Lehrmeinung in Einklang stehen.
- Die wissenschaftliche Fundauswertung in dieser Disziplin
ist ein einziges Fiasko. Papyri verrotten, Mumien zerfallen
und smoggeplagte Steine werden zerfressen, bevor sie erfaßt
und ausgewertet sind. Hinzu kommt, daß die Lagerstätten
in den allermeisten Fällen nicht für die Aufnahme der
Altertümer geeignet sind.
- Der Ägyptologie fehlt es quasi in sämtlichen Bereichen an
Systematik – sowohl auf nationaler Ebene wie auch auf der
internationalen Bühne.
- Ungeliebte Themenbereiche werden einfach ausgegrenzt –
obwohl sie Bestandteil des altägyptischen Lebens waren.
- Die Ägyptologie geht in der Frage der Fundbergung einen
katastrophalen Weg. Schon jetzt ist die jährliche, bei Aus-
grabungen gewonnene Quantität wissenschaftlich nicht
mehr aufzuarbeiten.
- Hinzu kommt der durch Diebstahl angerichtete Schaden.
Man schätzt, daß mittlerweile über 50.000 Pretiosen illegal
Ägypten verlassen haben.
- Die Fachdisziplin leidet unter dem Minderwertigkeitssyn-
drom. Zurecht. Hobby-Ägyptologen, unabhängige Forscher
und »Grewis« haben mehr Funde und Entdeckungen erbracht als die sogenannte Fachwissenschaft erreicht hat.
- Und, und, und …

Am Ende bleibt nur die ernüchternde Feststellung, daß die Geschichte der Ägyptologie zum überwiegenden Teil eine internationale Skan-

dalchronik darstellt. Die Entlarver »falscher« Theorien und »unqualifizierter« Amateurägyptologen sind selbst entlarvt.

Menschliche Schwächen, aber auch fachliche Kompetenzmängel prägen das Bild dieser Disziplin. Hinzu kommen Skandale und Affären wie nun im Fall der Nofretete-Büste, die, wie aufgezeigt wurde, nicht gerade Seltenheitswert haben. Dabei haben die Verfasser hier nur einige wenige Beispiele angeführt und auch längst nicht sämtliche Aspekte dieser Thematik beleuchten können.

Die Autoren haben es bereits im Vorwort anklingen lassen: Für Bücher wie dieses gibt es keine Auszeichnungen – vielmehr hagelt es Kritik. Die haben wir unsererseits nun zu akzeptieren. Bei objektiver Bewertung sollte aber auch gesehen werden, daß sich die Autoren bemühten, positive Entwicklungen zu schildern und couragiertes Denken und Handeln den Mißständen gegenüberzustellen. Auch haben wir den Grundsatz »zur Information gehört die Verifikation« zum Leitbild unserer Recherchen gemacht. Wir konnten ihm nicht in sämtlichen Belangen gerecht werden, weil sonst gewisse Personen vorzeitig aufmerksam geworden wären und die Gefahr der Einflußnahme auf Informanten bestanden hätte. Dies um so mehr, als völlig haltlose Mutmaßungen über unsere »Schwarzen Schafe« kursieren. Es ist geradezu unglaublich, welche Verdächtigungen angestellt und ausgesprochen werden. Darunter sind Menschen, mit denen unsererseits noch nie ein Wort gewechselt wurde – geschweige denn, daß diese Personen auch nur im Entferntesten zu den »Schwarzen Schafen« zählen würden.

Das Anliegen dieses Buches ist es, ein Signal zu geben. Der bisher eingeschlagene Weg muß eine Kurskorrektur erfahren. Um wieviel weiter wären wir heute schon in unserem Wissen um das alte Kulturland am Nil, würde die Auswertung gleichberechtigt neben der Ausgrabung und der Ausstellung stehen.

Und es müssen endlich jene Themen angegangen werden, die vielleicht nicht populär sind unter den Ägyptologen, die jedoch fester Bestandteil des altägyptischen Alltags waren, wie etwa die Kriminalität. Denn wer das Alte Ägypten liebt, der will wissen, wie es wirklich war. Ihn interessieren weniger Jahreszahlen als Informationen darüber, was sich in diesen Jahren zugetragen und ereignet hat – und das möglichst umfassend.

Literaturhinweise

Adkins, Lesley u. Roy: »Der Code der Pharaonen.
Der dramatische Wettlauf um die Entzifferung der ägyptischen Hieroglyphen«
Lübbe, Bergisch Gladbach / 2002

Aldred, Cyril: »Echnaton – Gott und Pharao Ägyptens«
Lübbe, Bergisch Gladbach / 1968

Arnold, Dieter: »Die Tempel Ägyptens.
Götterwohnungen, Baudenkmäler, Kultstätten«
Bechtermünz, Augsburg / 1996

Assmann, Jan: »Moses, der Ägypter. Entzifferung einer Gedächtnisspur«
Hanser, München-Wien / 1998

Beckerath, Jürgen v.: »Abriss der Geschichte des alten Ägypten«
Oldenbourg, München-Wien / 1971

Beckerath, Jürgen v.:
»Chronologie des pharaonischen Ägypten«
Reihe: Münchner Ägyptologische Studien; Band 46, Zabern, Mainz / 1997

»Handbuch der ägyptischen Königsnamen«
Zabern, Mainz / 1999

Beltz, Walter: »Die Mythen der Ägypter«
claassen, Düsseldorf / 1982

Bille-De Mot, Eléonore: »Die Revolution des Pharao Echnaton«
Callwey, München / 1965

Blumrich, Josef F.: »Da tat sich der Himmel auf. Die Raumschiffe des
Propheten Ezechiel und ihre Bestätigung durch modernste Technik«
Econ, Düsseldorf u. Wien/1974

Bonnet, Hans: »Lexikon der ägyptischen Religionsgeschichte«
Nikol, Hamburg / 2000

Breasted, J. H.: »Geschichte Ägyptens«
Parkland, Stuttgart / o.J.

Brackman, Arnold C.: »Sie fanden den goldenen Gott.
Das Grab des Tutanchamun und seine Entdeckung«
Bastei-Lübbe, Bergisch Gladbach / 1978 und 1980

Braem, Harald: »Das magische Dreieck.
Neue Geheimnisse aus dem Reich der Pyramiden«
Weitbrecht, Stuttgart-Wien / 1992

Brier, Robert: »Zauber und Magie im alten Ägypten.
Alles über das geheime Wissen und die geheimnisvollen Praktiken, die das
Leben im Pharaonenreich beherrschten. Erstmals untersucht und erklärt«
Weltbild, Augsburg / 1990

»Der Mordfall Tutanchamun«
Piper, München-Zürich / 1998

Bürgin, Luc: »Geheimakte Archäologie.
Unterdrückte Entdeckungen, verschollene Schätze, bizarre Funde«
bettendorf, München / 1998

Rätsel der Archäologie
Herbig, München / 2003

Ceram, C. W.: »Götter, Gräber und Gelehrte. Roman der Archäologie«
Rowohlt, Reinbeck / 1967

Champdor, Albert:
»Das ägyptische Totenbuch, Kult und Religion im alten Ägypten«
Knaur, München und Zürich / 1980

Charroux, Robert: »Die Meister der Welt.
Auf den Spuren unserer außerirdischen Vorfahren«
Knaur, München und Zürich / 1974

Clayton, Peter A.: »Die Pharaonen: Herrscher und Dynastien im alten Ägypten«
Econ, Düsseldorf / 1995

Däniken, Erich v.: »Erinnerungen an die Zukunft.
Ungelöste Rätsel der Vergangenheit«
Econ, Düsseldorf und Wien / 1968

Desroches Noblecourt, Christiane:
»Ramses - Sonne Ägyptens. Die wahre Geschichte«
Lübbe, Bergisch Gladbach / 1997

»Hatschepsut, Die geheimnisvolle Königin auf dem Pharaonenthron«
Bastei-Lübbe, Bergisch Gladbach / 2007

Dodson, Aidan und Hilton, Dyan:
»The Complete Royal Families of Ancient Egypt«
Thames & Hudson, London / 2004

Eckschmitt, Werner: »Das Gedächtnis der Völker«
Reihe »Die Welt des Wissens
Safari, Berlin / 1964

Edwards, I. E. S.: »Die ägyptischen Pyramiden«
Harrassowitz, Wiesbaden / 1967

Ehlebracht, Peter: »Haltet die Pyramiden fest! 5000 Jahre Grabraub in Ägypten«
Econ, Düsseldorf und Wien / 1980

El Mahdy, Christine: »Tutanchamun: Leben und Sterben des jungen Königs«
Blessing, München / 2000

»*Das Geheimnis der Cheops-Pyramide*«
Goldmann, München / 2003

Emery, Walter B.: »*Ägypten.*
Geschichte und Kultur der Frühzeit 3200 – 2800 v. Chr.«
Goldmann, München / 1961

Erman, Adolf: »*Kurzer Abriss der Aegyptischen Grammatik*«
Reuther und Reichard, Berlin / 1919

»*Ägyptische Grammatik. Schrifttafel*«
Reuther und Reichard, Berlin / 1929

»*Die Hieroglyphen*«
Sammlung Göschen GJG, o. O. / o. J.

Fèvre, Francis: »*Thutmosis III. – Herrscher über den Nil.*
Die Biographie des Sohnes der Hatschepsut«
Bastei-Lübbe, Bergisch Gladbach / 1996

Finkelstein, Israel und Silberman, Neil A.: »*Keine Posaunen vor Jericho.*
Die archäologische Wahrheit über die Bibel«
dtv, München / 2004

Friemuth, Cay: »*Die geraubte Kunst.*
Der dramatische Wettlauf um die Rettung der Kulturschätze
nach dem Zweiten Weltkrieg«
Westermann, Braunschweig / 1989

Gardiner, Alan: »*Geschichte des Alten Ägypten*«
Kröner, Stuttgart / 1965

Grimm, Alfred und Schoske, Sylvia: »*Das Geheimnis des Goldenen Sarges*«
Reihe: »*Schriften aus der ägyptischen Sammlung (SAS)*«
Heft 10, Staatliches Museum Ägyptischer Kunst, München / 2001

Glyn, Daniel und Rehork, Joachim: »*Enzyklopädie der Archäologie*«
Weltbild, Augsburg / 1990

Goyon, Georges: »*Die Cheops-Pyramide. Geheimnis und Geschichte*«
Lübbe, Bergisch Gladbach / 1979

Gros de Beler, Aude: »*Tutanchamun*«
Komet, Frechen / 2001

Hancock, Graham: »*Die Wächter des heiligen Siegels.*
Auf der Suche nach der verschollenen Bundeslade«
Lübbe, Bergisch Gladbach, 1992

Heinken, Siebo: »*Das Geheimnis des goldenen Sarges:*
Deutsche Forscher erkunden ein ägyptisches Grab«
in: National Geographic Deutschland, Hamburg / Juni 2002

Helck, Wolfgang: »*Das Grab Nr. 55 im Königsgräbertal:*
Sein Inhalt und seine historische Bedeutung«
Hrsg.: Sylvia Schoske u. Alfred Grimm, Zabern, Mainz / 2001

Helck, Wolfgang und Otto, Eberhard: »Kleines Wörterbuch der Aegyptologie«
Harassowitz, Wiesbaden / 1970

Helck, Wolfgang, Otto, Eberhard und Westendorf, Wolfhart:
»Lexikon der Ägyptologie«
Harrassowitz, Wiesbaden / u. a. 1982

Hornung, Erik: »Einführung in die Ägyptologie:
Stand, Methoden, Aufgaben«
Wissenschaftliche Buchgesellschaft, Darmstadt / 1967

»Tal der Könige. Die Ruhestätten der Pharaonen«
Artemis, Zürich und München / 1982

»Das Grab Sethos' I.«
Artemis und Winkler, Düsseldorf; Zürich / 1999

»Das geheime Wissen der Ägypter und sein Einfluß auf das Abendland«
dtv, München / 2003

Hornung, Erik, Krauss, Rolf und Warburton, David A (Hrsg.).:
»Ancient Egyptian Chronology«
Brill, Leiden / Boston / 2006

Hoving, Thomas: »Der goldene Pharao Tut-ench-Amun.
Neueste Funde schließen eine Lücke in der Ägyptologie«
Scherz, Bern und München / 1978

Huf, Hans-Christian: »Sphinx, Geheimnisse der Geschichte.
Von Ramses II. bis zum ersten Kaiser von China«
Lübbe, Bergisch Gladbach / 1998

Jacq, Christian: »Das Tal der Könige.
Geschichte und Entdeckung eines Monuments der Ewigkeit«
Rotbuch, Hamburg / 1998

»Die Pharaonen. Große Herrscher des Alten Ägypten«
rororo / Rowohlt, Reinbek / 1999

Jenkins, Nancy: »Das Schiff in der Wüste.
Ägypten zur Zeit König Cheops«
Umschau, Frankfurt am Main / 1980

Karg, Frank P.M.: »Ägyptologische Bedeutung des STT-Skarabäus
bezüglich des Auszuges der Hebräer«
in: »Kemet« Nummer 4, Berlin / 2002

Keller, Werner: »Und die Bibel hat doch recht.
Forscher beweisen die historische Wahrheit«
Econ, Düsseldorf – Wien / 1955

Krauss, Rolf: »Das Moses-Rätsel. Auf den Spuren einer biblischen Erfindung«
Ullstein, München / 2001

Krauße, Claudia C. und Krueger, Franz R.: »Unbekannte Signale?«
in: Spektrum der Wissenschaft, Dossier »Leben im All«, Nr. 3 / 2002

Lauer, Jean-Philippe: »Saqqara, die Königsgräber von Memphis«
Lübbe, Bergisch Gladbach / 1977

   »Das Geheimnis der Pyramiden, Baukunst und Technik«
   Herbig, München-Berlin / 1980

Lehmann, Johannes: »Die Hethiter – Volk der tausend Götter«
Bertelsmann, München, Gütersloh, Wien / o. J.

Lehner, Mark: »Das erste Weltwunder:
Die Geheimnisse der ägyptischen Pyramiden«
Econ, Düsseldorf u. München / 1997

Lippert, Helga: »Terra X: Von den Oasen Ägyptens zum Fluch des Inka-Goldes«
Heyne, München / 2003

Lissner, Ivar: »Rätselhafte Kulturen. Versunkene Städte, geheimnisvolle Völker,
Meisterwerke vergangener Technik – die Welt, aus der wir kamen«
Heyne, München / 1961 und 1968

Manley, Bill: »Die siebzig großen Geheimnisse des Alten Ägyptens«
Frederking und Thaler, München / 2003

Mendelssohn, Kurt: »Das Rätsel der Pyramiden«
Lübbe, Bergisch Gladbach / 1974

Meyer, Eduard und Dümichen, Johannes: »Geschichte des alten Aegyptens«
Historischer Verlag Baumgärtel, Berlin / 1886

Necco, Luigi: »Das Geheimnis von Troja.
Die abenteuerliche Suche nach Schliemanns Schatz«
Econ, Düsseldorf, Wien, New York, Moskau / 1994

Otto, Eberhard und Hirmer, Max:
»Osiris und Amun. Kult und heilige Stätten«
Hirmer, München / 1966

Page-Gasser, Madeleine und Wiese, André B.: »Ägypten –
Augenblicke der Ewigkeit. Unbekannte Schätze aus Schweizer Privatbesitz«
Zabern, Mainz / 1997, Antikenmuseum Basel

Parkinson, R. B.: »The Tale of Sinuhe«
University Press, Oxford / 1991

Piekalkiewicz, Janusz: »Weltgeschichte der Spionage, Agenten, Systeme, Aktionen«
Südwest, München / 1988

Pörtner Rudolf (Hrsg.): »Alte Kulturen neu ans Licht gebracht.
Neue Erkenntnisse der modernen Archäologie«
Econ, Düsseldorf-Wien / 1975

Posener, Georges u. a.: »Lexikon der ägyptischen Kultur«
Droemer-Knaur, München-Zürich / 1960

Rachet, Guy: »Lexikon des Alten Ägypten«
Patmos, Düsseldorf; Zürich / 2002

Ratié, Suzanne: »Hatschepsut. Die Frau auf dem Thron der Pharaonen«
Brockhaus, Wiesbaden / 1974

Redford, Donald: »Egypt, Canaan and Israel in ancient times«
Princeton / 2000

Reeves, Nicholas: »The Complete Tutankhamun.
The King, The Tomb, The Royal Treasure«
Thames and Hudson, London / 1990

»Faszination Ägypten. Die großen archäologischen Entdeckungen von den
Anfängen bis heute«
Frederking und Thaler, München / 2001

»Echnaton – Ägyptens falscher Prophet«
Zabern, Mainz / 2002

Reeves, Nicholas und Wilkinson, Richard H.:
»Das Tal der Könige. Geheimnisvolles Totenreich der Pharaonen«
Econ, Düsseldorf / 1997

Rétyi, Andreas von: »Die Stargate-Verschwörung.
Geheime Spurensuche in Ägypten«
Kopp, Rottenburg / 2000

Robins, Gay: »Frauenleben im Alten Ägypten«
Beck, München / 1996

Rohl, David: »Pharaonen und Propheten.
Das Alte Testament auf dem Prüfstand«
Droemersche Verlagsanstalt Th. Knaur Nachf., München / 1996

Sabbah M. u. R.: »Les Secrets de l'Exode«
Seld, Jean-Cyrille Godefroy, Paris / 2000

Schmitz, Emil-Heinz: »Beweisnot, Glanz und Elend der Astronautengötter«
Ariston, Genf / 1978

Schmitz, Franz-Jürgen: »Amenophis I.«
Reihe: »Hildesheimer ägyptologische Beiträge Nr. 6«
Gerstenberg, Hildesheim / 1978

Schneider Thomas: »Lexikon der Pharaonen«
Artemis und Winkler, Zürich / 1994

Schulze, Peter H.: »Auf den Schwingen des Horusfalken.
Die Geburt der altägyptischen Hochkultur«
Lübbe, Bergisch Gladbach / 1980

Schüssler, Karlheinz: »Die ägyptischen Pyramiden«
DuMont, Köln / 1983

Sée, Geneviève: »Grandes Villes de l'Egypte antique«
editions serg, Ivry / 1974

Shaw, Ian und Nicholson, Paul: »Reclams Lexikon des Alten Ägypten«
Reclam, Stuttgart / 1998

Stadelmann, Rainer: »Die ägyptischen Pyramiden. Vom Ziegelbau zum Weltwunder«
Zabern, Mainz / 1997

Stanglmeier, G.F.L.: »Versteckt, Verschollen, Vergraben.
Pharaonenschätze, die noch zu finden sind«
Herbig, München / 2005

»Die Moses-Schriftrollen: Brisante Enthüllungen aus dem Tal der Könige«
Kopp, Rottenburg / 2006

Stanglmeier, G.F.L. und Biffiger, Beat:
»Der Tut-anch-Amun-Skandal – es war alles ganz anders«
Argo, Marktoberdorf / 2004

Stierlin, Henri und Ziegler, Christiane:
»Tanis. Vergessene Schätze der Pharaonen«
Hirmer, München / 1987 und 1989

Stingl, Miloslav: »Die Inkas. Ahnen der Sonnensöhne«
Econ, Düsseldorf-Wien / 1978

Tulhoff, Angelika: »Thutmosis III. Das ägyptische Weltreich
auf dem Höhepunkt der Macht 1490 – 1436 v. Chr.«
Callway, München / 1984

Tyldesley, Joyce: »Ägyptens Sonnenkönigin. Biographie der Nofretete«
Limes, München / 1998

»Ramses, Ägyptens größter Pharao«
Ullstein, München / 2002

»Mythos Ägypten. Die Geschichte einer Wiederentdeckung«
Reclam, Stuttgart / 2006

Vandenberg, Philipp: »Der Fluch der Pharaonen.
Moderne Wissenschaft enträtselt einen jahrtausendealten Mythos.
Ein neues Abenteuer der Archäologie«
Scherz, Bern und München / 1973

»Nofretete, Echnaton und ihre Zeit.
Die glanzvollste Epoche Ägyptens in Bildern, Berichten und Dokumenten«
Scherz, Bern und München / 1976

»Auf den Spuren unserer Vergangenheit.
Die größten Abenteuer unserer Vergangenheit«
Goldmann, München / 1977

»Der vergessene Pharao. Unternehmen TUT-ENCH-AMUN –
das größte Abenteuer der Archäologie«
Bertelsmann, München / 1978

Verner, Miroslav: »Die Pyramiden«
Rowohlt, Reinbek / 1998

Wolf, Walther: »Kulturgeschichte des Alten Ägypten«
Kröner, Stuttgart / 1962

Register

Danksagung

des Autors

Wem gebührt mehr Dank für ihre Informationen, ihr Material und ihren Rat als den »Schwarzen Schafen der Ägyptologie«. Ich rede von denjenigen Ägyptologen, die den Mut aufgebracht haben, uns bei unseren Recherchen zu unterstützen. Ich weiß, daß das für sie wahrlich kein leichtes Unterfangen war. Es erforderte persönlichen Mut und Vertrauen in unsere Verschwiegenheit. Für das Vertrauen danke ich, unserer absoluten Verschwiegenheit können sie auch weiterhin sicher sein.

Ich danke allen Leserinnen und Lesern meiner vorhergehenden Bücher für ihre Kritik. Kritik ist ein in Deutschland oft negativ besetztes Wort. Mich hat überrascht, wie häufig meine Kritiker positive Sätze fanden – sie haben mich gefreut. Die monierten Punkte habe ich – diesmal im publizistischen Doppel – versucht, in dem vorliegenden Band zu vermeiden. Sollte es uns gelungen sein, ist dies das Verdienst von H. H., meinem schärfsten Kritiker und zugleich meinem unermüdlichen Mentor.

Mehr Wohlwollen wie uns unser Verleger entgegengebracht hat, ist nicht mehr möglich. *Er* hat dieses Buch realisiert, weil wir es wollten. Aber damit nicht genug: Jochen Kopp hat das nunmehr vorliegende Projekt unterstützt, wann und in welcher Form wir es auch immer für hilfreich erachteten. Er ist einer der raren Verleger, bei denen Autoren noch Menschen sind.

Stefan Junge ist ein weiteres Fundament dieses Buches. Ohne ihn hätte ich es nicht verwirklichen können.

Erneut stelle ich mir die Frage, wie Elvira Zettl wieder das Geld für die Recherchen beschaffte. Ich habe nicht gewußt, daß in gänzlich leeren Kassen so viel Geld zu finden ist ...

Tanja Kottysch hat all die Arbeiten erledigt, die man nicht sieht, die aber unabdingbar sind für eine konzentrierte und störungsfreie Skript-Erstellung.

Ich danke der österreichischen Musikruppe »STS«, deren »Lia-da« mich durch so manche Nacht begleiteten, in der das Papier in meinem Manuskriptbuch wieder einmal makellos weiß blieb.

Ein besonderer Dank geht an Herrn Etz, der rigoros und selbst-los sämtliche Bauprojekte stoppte, damit ich mich ungestört von Bau-lärm diesem Band buchstäblich in Ruhe widmen konnte.

Wie soll ich meiner Frau Gisela danken, die seit dreißig Jahren erträgt, daß ich mich gestern mit radioaktivem Erdgas befaßte, heu-te den Kopf des Osiris suche und morgen unseren Mond zum 51. Bundesstaat der USA erkläre?

Die schönste Erfahrung an diesem Projekt war die Zusammen-arbeit mit André Liebe. Er hat dieses Buch »veredelt«. Jede Seite hat von seinem Know-how, seinem Engagement, seiner Hilfe profitiert.

Und – wie immer – geht der letzte Dank an den »King von der Shiloh-Ranch«. Stammleser wissen, wer gemeint ist: Kater »Niwi«. Die Tastatur interessierte ihn diesmal herzlich wenig. Doch die un-angemeldeten Sprünge an den Monitor, um dort den störenden Cur-sor zu verscheuchen, sorgten dafür, daß ich (fast) nie vor dem Computer eingeschlafen bin.

Auf der Ranch,
im Sommer 2007   *G. F. L. Stanglmeier*

Danksagung

des Co-Autors

Dank zu sagen in einer Danksagung, in der man sich bei einem selbst gerade bedankt hat, fällt naturgemäß nicht leicht. Dennoch: Es ist weitaus mehr als die berühmten Blumen, welche man in einem solchen Fall pflichtbewußt retourniert, die ich an dieser Stelle meinem alten Freund G.F.L. Stanglmeier schulde. Unzählig sind die Tage und Nächte, während der wir uns gestritten und »gezofft« haben, doch ging es dabei stets um der Sache Willen – zu keinem Zeitpunkt stand unsere seit mittlerweile über 17 Jahren währende Freundschaft auf dem Spiel. Es gibt nicht viele Menschen, die so feinfühlig sachliche Kritik von allem Zwischenmenschlichen trennen können.

Doch wäre dieses Lob zu kurz gegriffen: G.F.L. Stanglmeier hat darüber hinaus das geschafft, was bislang noch nicht allzu vielen meiner Weggefährten gelungen ist: Er hat mich mit einer Begeisterung für die Ägyptologie und Archäologie infiziert, wie ich das nie und nimmer für möglich gehalten hätte. Gut: ein wenig »Tut« hier, ein wenig »Carter« da – so wie man das halt hat als klassischer Quereinsteiger. Aber daß ich plötzlich in der Lage bin, mehr als zwei zusammenhängende Sätze über das Osireion oder die Felskammern über dem Hatschepsut-Tempel zu referieren, ist alleine das Verdienst des Ranchers von der »Shiloh Ranch«.

Ich habe das Wagnis, mich in eine mir bislang nur am Rande vertraute Materie einzuarbeiten, nie bereut. Im Gegenteil: Ich hatte richtig viel Spaß an diesem ersten gemeinsamen Buchprojekt mit G.F.L. Stanglmeier, auch wenn es dabei, trotz der Arbeit im Hochsommer, meist schon seit vielen Stunden recht dunkel war. Weil ich mich in jenen Tagen mit schier endlosen Texten und aus dem hintersten Winkel des Erdballs aufzutreibenden Fotografien vorzugsweise mitsamt meinem PC auf der heimischen Terrasse ausgebreitet habe, gilt ein weiterer Dank meinen Nachbarn, die entweder über einen gesegneten Schlaf verfügen oder das endlose Gehämmere in die Tastatur mit stoischem Gleichmut ertragen haben. Ich kann nicht beurteilen, was zutrifft – Klagen oder Beschwerden habe ich jedenfalls in all den Monaten nicht vernommen.

Ein großes Kompliment hat sich auch Jochen Kopp verdient. Und zwar deshalb, weil er von der ersten Stunde dieses Buchs voll dahinter gestanden ist, daß ein zwar journalistisch erfahrener Zeitgenosse wie ich – aber gleichwohl auch ein ägyptologisches »greenhorn« – mitwirken durfte, dieses Projekt zu einem – wie ich hoffe – erfolgreichen zu machen.

Der innigste Dank aber – G.F.L. Stanglmeier, Jochen Kopp und meine Nachbarn mögen es mir verzeihen – gilt meiner Familie. Allen voran, um mit Ephraim Kishon zu sprechen, der »besten Ehefrau von allen«. Meine Frau Ingrid war nicht nur über die Maßen verständnisvoll, als ich sie erstmals mit der Aussicht konfrontiert hatte, daß ich nun auch noch ein Buch über Ägypten »mitschreiben« werde. Sie stand mir auch stets als liebevoller Weggefährte zur Seite, als die Arbeit scheinbar nicht enden wollte. Und daß sie in der finalen Phase selbst noch mit Hand angelegt hat, als es wieder einmal brannte, macht sie für mich schlichtweg unentbehrlich – freilich nicht nur deshalb.

Zu meiner Familie gehören aber auch – was für eine Frage – meine beiden Söhne Raphael-Maria und Constantin-Emanuel, der eine acht, der andere vier Jahre alt. Ihr aktiver Beitrag zu diesem Buch hat sich naturgemäß in Grenzen gehalten. Dennoch: Daß sie beide mehr Verständnis hatten, als man erwarten darf, wenn ich wieder einmal den Fußball im Garten wegräumen mußte, um mich mit dem Alten Ägypten zu beschäftigen, kann gar nicht genug herausgestellt werden.

Oberammergau,
im Sommer 2007

André Liebe

Aktueller Nachtrag

Die jüngste »Breaking News« des Zahi Hawass

Unmittelbar vor Drucklegung dieses Buches erreichte uns folgende Eilmeldung von SCA-Chef Zahi Hawass:

> »Neue Entdeckungen im Grab von Tutanchamun
> In einer Schatzkammer des Grabes von Tutanchamun ist ägyptischen Archäologen ein aufsehenerregender Fund gelungen. Sie entdeckten dort acht etwa fünfzig Zentimeter hohe Gefäße und zwanzig etwa einen Meter hohe Tontöpfe mit dem Siegel des Pharao Tutanchamun.«

Die Pressemeldungen enthalten noch viele Widersprüche. Sollte sich aber die Nachricht im Kern bestätigen, wäre das ein neuerlicher schlagender Beweis für die schlampige Arbeitsweise der Ägyptologie. Wie kann man rund dreißig Behälter in dem kleinen Grab 84 Jahre lang übersehen? Aber das ist wohl wieder eine jener »Fragen, die man nicht stellt«.

Das ist jedoch längst nicht die einzige in diesem Zusammenhang. Wir werden darauf zurückkommen.